vivas

las queremos

vivas

las queremos

Voces del mundo contra el feminicidio

Patricia Schaefer Röder, Editora

Colección Carey

Ediciones Scriba NYC

Vivas las queremos – Voces del mundo contra el feminicidio
Patricia Schaefer Röder, Editora
© 2023 PSR

Ediciones Scriba NYC
Colección Carey – Poesía

Arte de portada: Jorge Muñoz-Schaefer
Diseño de portada: Jorge Muñoz-Schaefer
Diagramación: Scriba NYC
© 2023 Ediciones Scriba NYC

ISBN: 979-8-9854713-3-5

Impresión: Kindle Direct Publishing

Scriba NYC
Soluciones Lingüísticas Integradas
26 Carr. 883, Suite 816
Guaynabo, Puerto Rico 00971
+1 787 2873728
www.scribanyc.com

Febrero 2023

En honor a Jina Mahsa Amini
a Jhoana Ligues
a Susana Chávez
a Keishla Rodríguez
a Linda Loaiza López
a las mujeres sin nombre
de Ciudad Juárez, México
de Puerto Rico
de Venezuela
del mundo...

CONTENIDO

PALABRAS DE LA EDITORA

Este poemario constituye un documento urgente que busca alertar sobre una situación urgente: la pandemia de feminicidios que azota el mundo entero.

El problema del maltrato a la mujer es un hecho global que en el mundo occidental se remonta a la época de la Grecia Clásica, desde donde las ideas de los filósofos griegos sobre la inferioridad de la mujer frente al hombre influyeron de manera determinante en la cultura, la religión, las tradiciones y la educación de todos los pueblos del hemisferio hasta nuestros días.

El tema del feminicidio se aborda desde diversos puntos y a distintos niveles de la escala de violencia, cuyo desenlace es la muerte. El hilo común que enhebra todas las creaciones líricas de esta obra es la violencia contra la mujer por el hecho de ser mujer.

En esta antología se respetó no solo el estilo lírico de cada autor, sino también su forma y estética de expresión. Este es un libro diverso, contundente, sensible y sincero que plasma las voces de 90 poetas consagrados y noveles de 20 países en un foro de denuncia, desahogo y sanación frente a la violencia de género hacia la mujer. Es hora de alzar nuestras voces a manera de alerta y de exigir igualdad de derechos humanos, respeto a la vida y seguridad para las mujeres por medio del cambio en la idiosincrasia machista y misógina hacia una sociedad que aprecie y cuide a cada quien como los seres humanos valiosos que somos.

Patricia Schaefer Röder

13

PRÓLOGO

¡Qué triste es morir estando viva!

Mariela Cruz, Puerto Rico

En las dos décadas transcurridas del siglo XXI, el feminicidio se ha convertido en uno de los crímenes más crueles e insostenibles que hayamos vivido antes como sociedad. Esta época de tantos logros a favor de las equidades, de las justicias sociales, de las democracias emergentes, y en donde el progreso en la emisión de leyes y normativas locales e internacionales que condenan esta conducta, junto al coro de las voces del mundo que denuncian esta práctica deshumanizante, nos coloca ante lo que llamo un oxímoron social. Este abisal contraste entre una mayor educación, conciencia, conocimiento de tales abominables acciones, el surgimiento de organismos internacionales gubernamentales y no gubernamentales, y el aumento de los asesinatos y agresiones solo por cuestiones de género tambalea la estructura ética-social del mundo actual.

A pesar de las múltiples voces que en todo el mundo se han levantado criticando y generando investigaciones y políticas públicas que protegen a las mujeres y niñas del mundo, y según los datos de ONU Mujeres, las estadísticas siguen aumentando a un ritmo indecoroso y vergonzoso para la humanidad, ya que *este no se restringe al mero acto de privación de la vida* (que es la acción extrema del perpetrador/agresor/abusador)*, sino que este se extiende a un contexto complejo que incluye la trama social, política, cultural, institucional, económica y hasta religiosa, que lo propicia, lo encubre y despliega los mecanismos para que quede impune* (Monárrez, 2009).

Ante estas terribles contradicciones, hace falta que las voces y los esfuerzos asuman diferentes iniciativas desde

15

los distintos escenarios sociales, políticos y culturales. Y es aquí en esta instancia que nace *Vivas las queremos*, un proyecto literario de Patricia Schaefer Röder desde el cual diversos escritores del mundo unifican la PALABRA bajo el tema de la violencia y la agresión contra las mujeres por cuestión de género. Desde la poesía se enarbola un arma poderosa cuyos mensajes son tan contundentes, claros y fuertes como los textos que componen las Declaraciones, las Convenciones y las Plataformas de los organismos intergubernamentales existentes.

A través de todo el texto podemos apreciar las distintas modalidades de violencia de género, como en este poema desgarrador de Damarys González Sandoval (Venezuela) que denuncia la mutilación genital de una niña que muere como resultado de esta acción:

Él abre la herida en el cuerpo de la flor
como quien quisiera revertir un injerto
seccionar la belleza
extraer la semilla de la alegría
del desenfado adolescente

Incluso, claras representaciones de la *violencia vicaria,* la expresión más cruel de la violencia de género, pocas veces identificada como tal, se destilan en los versos de Marcela Beatriz Viotti (Argentina):

Te quitaré lo que más quieres,
ya verás lo que pasa,
piénsalo, amenazaste.
No lo dimensioné.

O, desde el duelo de Ana María Fuster Lavín (Puerto Rico), donde el llanto por la muerte de Keishla Rodríguez nos enfrenta a la terrible impotencia por la pérdida:

huye
despertamos
dolidas y alertas
mientras allí flotaba
ella fragmentada muñeca

en un diario de sangre
aterrada ante su duelo
ante el eco de la traición
era para él su presa
para ella su amor
La supremacía patriarcal de género se manifiesta con ferocidad en las atroces violaciones, tal cual lo plasma Alma Amor Montoya (México) en:

Calla... siempre calla...
Si te veo, calla...
Si te incomodo, calla...
Si te toco, calla...

La abominable "trata" emerge en la voz de Enver Bazante (Ecuador), con su poema *Víctima de Trata:*

Despertó una mañana...
libre, feliz como mi amiga era,
ya no es víctima de "trata",
hoy su espíritu se aleja.

De la voz de Patricia Schaefer Röder (Puerto Rico/ Venezuela), se pasea grotesco el flagelo de la prostitución forzada, otra de las maneras execrables de la violencia de género:

Vasalla deslumbrada
tu dueño, propietario
tú, su ferviente esclava
ajena a la vida
veías como pasión
la gangrena en su alma
el maltrato ignoraste
tú, su perra fiel
a quien él vendía barata
a otros machos
a muchos otros
y mirándote regalada
se calentaba, poderoso
sabiéndose infalible

17

siempre tu único Dios.

Por último, los gritos líricos incluyen una población vulnerable que también amerita reconocimiento y protección: la comunidad LGBTQ+. Entre otras, se plasma la denuncia a los ataques homofóbicos y transfóbicos, de la pluma de Celia Karina San Felipe (Estados Unidos):

L.G.B.T.Q.
¡No quieren comunismo!
Quieren EQUIDAD.

Voces, denuncias, confesiones, duelos, tragedias, historias de dolor, de injusticias, de crímenes insostenibles desfilan ante nuestras conciencias, nos estremecen el tuétano de la más sensible fibra humana y nos obligan a gritar: *¡Vivas las queremos!*

Ana Marchena Segura
Escritora, catedrática

Organización de las Naciones Unidas

Feminicidio

Se refiere al asesinato de una mujer por el hecho de serlo, el final de un *continuum* de violencia y la manifestación más brutal de una sociedad patriarcal. El feminicidio hace parte de las múltiples y complejas violencias contra las mujeres, y no puede entenderse solo como un asesinato individual, sino como la expresión máxima de esa violencia, en la que el sometimiento a los cuerpos de las mujeres y la extinción de sus vidas tiene por objetivo mantener la discriminación y la subordinación de todas.

Damarys González Sandoval

Venezuela

***

No puede sonreír ni llorar

Se abrió el cofrecito
y giró el cuerpo fragmentado
de una bailarina

Ella vuelve a mirar en cada vuelta
una articulación accidental
que no funciona
No puede sonreír ni llorar
Hablan por ella las hebras sueltas
que lentamente descienden
Habla la retícula de pegamento
en la porcelana rota
como una primitiva caligrafía
legible en todos los idiomas
El violento recuerdo de esa noche
está en el fondo
y afortunadamente ya no puede
inclinar el rostro para mirarlo

***

Un lobo jadea

Crece un hombre como un árbol
en el fango están sus raíces
en el infierno su follaje

21

Una enredadera florece abrazada a él
le brinda un fruto que gira en el piso mojado
se quiebra su cáscara
tiembla dentro de ella la imagen de la luna

La ofrenda vegetal no basta

Duerme un niño en la peligrosa utilería del sacrificio
sueña que el cielo nocturno se reduce
hasta ceñirse al cuerpo de su madre
y convertirla en crisálida
Sueña que un lobo jadea y agoniza
dentro de una estrecha celda
Flota un collar de perlas barrocas
El niño regresa a la posición fetal
en medio del templo en que fue concebido
Percibe el olor de la resina
Observa siete arbotantes
siete costillas de una estructura
que se deshace
Su segundo nacimiento será involuntario
La semilla estará marcada
Germinará en el fango y empezará a crecer
sin saber que su follaje
también está destinado al infierno

***

A una adolescente que murió durante una mutilación genital

Él abre la herida en el cuerpo de la flor
como quien quisiera revertir un injerto
seccionar la belleza
extraer la semilla de la alegría
del desenfado adolescente

22

Pretencioso guardián de lo sublime
tiende la emboscada
y da inicio a un ritual que permanece
a espaldas del tiempo
Excava hasta encontrar la raíz principal
traza una incisión
accidentalmente remueve el destello
Algo deja de palpitar en sus manos
Ya no importaría que la herida
apenas rozara el húmedo pétalo
La muerte
subcutánea
ha sentido el olor de la flor tierna
conoce su soledad, su desamparo
su situación clandestina
y está sedienta

Jila Husseini

Irán

***

Pregunta

La pañoleta ajada de mi madre
no abandona mi cabeza.
Me dice: "Soy de tu abuela".
Pudo haber sido también de su abuela.
Y mi cabeza es una ventana abierta al cielo,
que desea recibir el sol de día
y la luna y las estrellas de noche.
Mi madre también dejó unos lentes de cristales negros.
Me dicen: "Así ves el mundo".
Con cada trueno
cien preguntas, viejas y nuevas,
		brotan como hongos en mis ojos.

Traducción del kurdo al inglés por Farangis Ghaderi, editada por
Rinat Harel. Traducción del inglés por Patricia Schaefer Röder.

Eliéser Wilian Ojeda Montiel

Venezuela

***

Sin cielo de felicidad

Dónde están ahora tus acordes,
Los más dulces
Mejores susurros del amor.

No arrullas con tu voz
En el preámbulo necesario,
Ni produces lo extático sensual.

Mordaces, hirientes increpaciones
Hacen centrípetas en mi cerebro.
No delineas, no esculpes mi cuerpo
Tu 'herramienta' solo lastima y repuja.

La alteridad de mi vida
Rumia la nubilidad
De la inocencia quiescente de crisálida.

Soy mariposa de truncado vuelo
En cielo de felicidad perdido.

***

25

Non omnis moriar
(*Nihil obsta*)

Yo sé de tus lágrimas vertidas,
De años de primavera
En noches de amantilladas bóvedas.
Nubilidad a la espera del astro de tu ser.

Yo sé de las quejas de tu alma
Tanto como las de tu cuerpo.
De las noches de blanco satén
Entre sábanas de inocencia perdida;

De gemidos dolorosos
Por el amor acaecido
De mujer forzada; por los hijos
De tu simiente razón de existencia.

Sé de tus "derechos" civiles
De ese mundo de entrega de púber.
Costumbres odiosas de castas
Y machistas perversos.

Yo sé de tu santidad de mujer.
Inefable resistencia irrenunciable,
Entrega forzada en tu desquiciado mundo
De abolida elección de autonomía.

Sé de ejecuciones lapidarias inhumanas
Leyes tutelares de prácticas y
Dioses de épocas remotas.

Sé de tu rostro anónimo
Andar incógnito entre burkas de multitudes,
Encriptación de tristeza en imaginario
Cultural de pueblos morosos.

26

***

Un canto de (do) lor agudo sostenido

Maltrato en Do sostenido.
Dolores agudos
De un alma mancillada
Brinda su pasible frigidez.

Irisadas contusiones
Hieren tu conciencia clandestina
De alcoba, reclusorio inexpugnable
En poder de Alcaide.

En tu desteñido tiempo
Los sueños cercan la evasión
De una realidad urdida en la otredad.
Tu maltratado ego no reanima
El fatigado ser de tu yo prístino.

Tu "matizado" rostro
Es ancla opresora de temor.
Las escaleras a tu alcoba
Son celestinas inversas de tu desvalorización humana.

Dios, teniente de tus ruegos
Son oídos de tapia.
Pesarosa asumes tu dolor
Las lágrimas han lavado tus culpas.

Ana María Fuster Lavín

Puerto Rico

***

Duelo por la niña enamorada

*Para Keishla Rodríguez
y todas las víctimas de la violencia de género.*

en tiempos de pandemia
su amor ya colapsaba
pero él la llamó
y partió al encuentro verdugo
a pesar de aquel runrún
murmurándole *huye*,
la niña rota enamorada
apostaba al amor
como nido de gaviotas
jugaba a las casitas de papel
al aroma de pájaros sin jaula
mientras volaba su vida y sueños
pero su vientre gemía amor
su vientre gemía muerte

huye
despertamos
dolidas y alertas
mientras allí flotaba ella
fragmentada muñeca
en un diario de sangre
aterrada ante su duelo
ante el eco de la traición
era para él su presa
para ella su amor,

28

también era tarde para huir
él devoró a su criatura,
le arrancó a dentelladas su corazón
arrojando a las turbias aguas su vuelo
mientras su madre gemía: *regresa*
mientras su madre gime su despedida

cuerpo de mujer
una mortaja machista condena
la resquebraja a ella,
y a todas,
sin poder huir
arrojada viva al fuego del odio
en un disparo de viento
envenenados torturados
sus cabellos de todas nosotras
lloran el ahora vacío de sus anhelos
el verdugo eternizó su venganza
la corriente eterniza su tierna sonrisa
y el horizonte, nuestro duelo

***

somos

al otro lado,
somos nadie, también multitud
como el silencio de las mariposas al morir
en tiempos virales, de dolores silentes
horas después de su primer vuelo libre
cayendo en picada una y otra vez
a veces demasiadas, con la voz desollada,
arrugada, como la ropa que debes planchar
señalada, pateada, humillada, mutilada
porque eres mujer y aguantas, soportas, callas
pero el estallido es inminente

a su lado,
somos ama de casa, azafata, enfermera,
tal vez poeta, o abogada perseguida por feminista
y tildada de *feminazi*, despedida, insultada en la prensa
obligada a ser copia barata de lo que pretenden que seamos
o, con suerte, ser deportista que no gana un carajo
pero debe agradecer que "hace la diferencia",
que debe arrodillarse para obtener un uniforme
o una cancha para practicar, si ellos no la necesitan
o, ser escritora y presentar un libro,
que pocos leerán ni siguiera los aplaudidores
y mucho menos reseñarán, por ser mujer o no amiguita de...,
mientras te gritan vete a tu casa a cuidar a los niños,
a fregar hasta tu vida, porque eres mujer
a freír tus sueños hasta evaporarse
y que el marido, novio, amante,
o cualquier otro título de propiedad
te grite "¿cuáles son tus prioridades?"
que, inevitablemente, serán las suyas
tan solo son laberintos de cristal

a cualquier lado
eres mirada eres flor eres jardín-universo
también un rostro golpeado
pero maquillado, a dieta, con una sonrisa
bienvestida te deshojas, te desalas, enmudeces
te arrodillas frente a su imagen y semejanza
y cumples las expectativas familiares, sociales, religiosas
quizá seas puta zombi hasta el final de los tiempos
o mueras de adjetivos ultrajados, desmembrados
como un amanecer en película de terror
donde la mujer es víctima hasta de su grito
pero no vamos a enmudecer

a nuestro lado
no es solución arrojarse al mar
sino al horizonte hermanadas brillando
somos grito morado de palabras libres y puños rebeldes
¿de qué lado estás?
aquí donde seguimos siendo locas inconformes
mientras todos escuchan el ruido de las mentiras caer
¿de cuál lado estás?
del coro cómplice que hiede, se repite y prolonga
como titular de prensa anónimo y violento
o del que se protesta a pesar de la interferencia
aunque nos cueste el trabajo de mierda,
pero satisfechas pletóricas paso a paso
y eso les duele más

¿de qué lado estoy?

no hay lados para las mariposas
me paro y me levanto,
te paras y te levantas
ambas de la mano en vuelo libre

¿dónde?

aquí,
ahora nosotras decidimos

¿de qué lado?

del que no hay que pedir permiso
nos reproducimos solo si queremos
somos río tierra aire
somos amor puente orilla denuncia camino

¿dónde?

aquí, donde
somos mujeres unidas, sobrevivientes, vivas

¿arribaremos?

lo haremos
desde nuestro lado
sin calendarios ni pandemias
sin dejarnos morir
somos semillas, vida, fortaleza
para reescribir nuestra historia
reconstruirnos, trabajar, ser
que somos iguales, seremos mejores,
somos lucha   camino   alas
hoy y mañana
somos libres

Kidany Acevedo Miranda

Puerto Rico

***

mujer con niña

en memoria de Rosimar Rodríguez.

¿cuánta gente muere cuando muere un hijo?
¿cuánto nunca queda
en el punto ciego de la rabia?

y cuando es otro quien lo muere
¿puede uno matar de vuelta?

y si se la llevan de tus ojos
y la desaparecen
y aparece a los cuatro días sin vida

¿puede uno dispararle al culpable
y al que lo defiende
y al que duda
y al que se queda callado?
¿puede uno quemar el mundo?

—puede uno quemar el mundo—

¿cuánta gente ha muerto?
¿cuánta gente ha sido enterrada
por la inocencia de Rosimar?

***

acuse de recibo

yo sé que no fuiste tú, fue el diablo,
gritaba la señora al asesino de su hija.
(Puerto Rico, enero 2021).

no fue el diablo
—señora—
fuimos yo y mi padre
y mis hermanos
y mis amigos
y el señor bueno que vive en su casa

no fue el diablo, fui yo,
yo que soy un hombre condecorado
con este asco de país
y se me permite matar cuando dios se equivoca

no fue el diablo, ¡carajo!
¿cómo se atreve usted
a relegar el crédito de mis manos?
si me quita eso, ¿con qué me deja?
usted me vio
matarla desde los trece

¿quiere que la mate a usted también para que me crea?

no fue el diablo,
que el diablo le teme a las manos del hombre
y se esconde en el miedo
de los que aman hasta donde los rezos le permitan

no fue el diablo
—que el diablo narra, no actúa—
el diablo es su voz
señora

Neysha Rodríguez Montalvo

Puerto Rico

***

Con tus palabras me heriste

Con tus palabras me heriste y con tus manos me jamaqueaste. Así comenzó ese patrón de violencia. Me convertí en la mártir con frecuencia.

Te amaba y te veneraba. Mi piel dejaba. Marcas brotaban anunciando el camino.

El fin llegaba, pero me aferraba.

¿Por qué lo hacías? Tal vez tu niño herido se reflejaba.

Tus manos se entrelazaron en mi cuello y como serpiente me apretabas. Era tu carnada.

Finalmente mi último suspiro daba y el reflejo del sol en tus ojos miraba. Sí, me fui con la imagen de tu mirada. Llena de odio y rencor me dejaste allí tirada.

Mi alma me confirmaba la llegada de ese momento en que el dolor se esfumaba.

En calma me fui, ya lo comprendí y hoy te quiero decir que te perdono y estoy aquí. Frente a ti. Y aunque no me veas, me sientes y los recuerdos vienen a tu mente. Te susurro al oído y te digo: "tranquilo solo habla la verdad y asume tu responsabilidad. Perdonado estás".

35

Jorge Rolando Acevedo

Argentina

***

Sándalo

Que sea azucena sobre todo, casta.
Un perfume tenue. Corola cerrada.
Alfonsina Storni

La primera cita,
la primera cena romántica
se convirtió en una disculpa cobarde,
en una cicatriz, en un lastre.
El ramo de flores
se hizo un hilo de sangre.
Aquella caja de bombones
Predijo la furia y los ataques de celos.

"La gota de agua colmó el vaso".
Infame hombre, enmascarado hombre,
te dejó los cimientos, los cofres,
las vigas, las columnas y los candados.

El que calla no otorga —digo.
Me llevó mis hijos,
las alas y la fragancia a sándalo
que de niña gustaba.

***

Vendré por ti

He de partir pero arremete, ¡viajera!

Alejandra Pizarnik

Llegaré por ti aunque tus manos estén heridas.
Levantaré la voz para silenciar a la figura pálida,
al cobarde, al opresor, al estéril alcohol...

Dibujaré una puerta, una ventana, una salida...
Permaneceré en guardia,
ya no habrá complicidad, ni contubernio.

Te protegeré con mis manos y mi frente.
Te hablaré al oído en tiempo presente,
palabras vivas como tus cabellos y tu vientre.

Vendré por ti.
Tomaré, yo, la pluma para acusar
al asesino de tus frondas.

Gloria de la Soledad López Perera
España

***

Apenas joven

Apenas joven
encontró el amor
idolatrando la vida
que el futuro le mostró.

Apenas joven
encontró el dolor
que le encomendó su verdugo
noche sí y noche no.

Apenas joven
encontró la muerte
que se presentó una noche
y con ella se la llevó.

Apenas joven
la enterraron bajo losas.
La lloraron, la olvidaron
y nadie la defendió.

Apenas joven
hoy la quiero recordar.
Se llamaba María
y dicen que la mató por amor.

***

La de los zapatos rojos

Y allí estaba
con sus hermosos zapatos rojos,
de fino tacón alto.

Con los que visitó lugares,
pueblos, ciudades.
Hasta que alguien determinó
arrebatarle la vida
una noche de verano.

Primero fueron palabras,
después las amenazas
para culminar con los golpes
gratuitos sobre su cara.

Y allí la dejó
sin importarle su estado
ni el dolor, ni las lágrimas
que corrían por su rostro.

La luna iluminó su malherido cuerpo
inerte sobre el asfalto.
Y así la encontraron al llegar la alborada.

Aferrada a su fino bolso,
no pudo salvar su vida.
Determinaron su muerte
apenas amanecía.

La mujer de los zapatos rojos,
pusieron los titulares.
Asesinada en el parque
un sábado de madrugada.

Ni nombre, ni más detalles,
solo un número y nada más
en las estadísticas vacías
que no llegan a ninguna parte.

Gina González de Freytes

Estados Unidos / Puerto Rico.

***

Naciente alborada

Pobre flor marchita,
fuiste hermoso capullo,
regado con amor
y agua bendita;
de aquel preciado jardín,
el mayor orgullo.
Mas un día el ardiente sol
tus sedosos pétalos quemó,
tus delicadas ramas quebró,
marchitando así,
tu colorida belleza.
Hoy, de tan hermosa flor
sólo quedan despojos;
su calor opacó tu vibrante color;
tu voluntad y orgullo,
ante él, cayeron de hinojos.
¡Pero, basta ya;
levanta del suelo tu rodilla;
no presentes sumisa,
a tu agresor, la otra mejilla!
Levanta al cielo tu mirada,
regocíjate en la hermosa
y naciente alborada.
Eres belleza, luz y color,
sacude para siempre
ese constante temor.
Extiende tu mano
en busca de ayuda;

habla, lanza un grito de dolor,
que a la indiferencia sacuda.
Mujer, niña o rosa,
encuentra tu potencial
y al Olimpo volarás,
musa triunfante y airosa.

***

No me quieras tanto

Detente ya, monstruo de dos caras,
te dije un día;
¡no me quieras más así!
Si antes incrédula,
tus celos y violentas amenazas
al viento despreocupada echaba,
hoy mi alma descansa en el incómodo lecho
de una completa confusión.
Allí la invade sin piedad el paralizador miedo,
pero la quema la abrazadora fiebre
de un ciego y apasionado amor.
Escucho en mis oídos
tus apaciguadoras palabras,
lluvia bendita sobre árida tierra
sembrada de soledad y confusión.
Tus sensuales caricias despiertan
el masoquista espíritu que se esconde dentro de mí;
tu violencia acalla el grito de alerta,
que nadie oye,
en este sordo y mudo paraíso perdido.
Quiero rechazar tu cruel asedio,
pero al sentir tu sensual cuerpo penetrarme toda,
olvidando el peligro mortal de tu machista violencia,
rompo el papel que por ley de mí te aleja,

y me entrego en total abandono, entre tus brazos,
para volver a ser esclava de mis ciegas pasiones.
De pronto siento el frío puñal de tu traición
penetrar sin piedad mi ingenuo pecho,
y sangrando de amor
y llorando mi funesto error,
muero...

***

Ni una más

¡Otro capullo de rosa malogrado,
aplastado, pisoteado,
hasta no quedar intacto
ni uno sólo de sus hermosos pétalos!
Hasta tronchar sus delicados tallos
y desaparecer de su entorno,
aquella dulce fragancia
que emanaba de su belleza y elegancia.
Otra joven vida segada
por el monstruo de los celos;
por aquella violencia machista
que no perdona ofensa alguna.
Por oídos torpes,
que jamás escuchan un no...
O por aquellos monstruos de la maldad
que todo lo destruyen.
Los soberanos de la noche,
que riegan su jardín con balas,
en vez de agua.
Mercaderes de sustancias y de vidas...
magos que desaparecen ilusiones
y tronchan destinos.
Dioses de lo absurdo,
que reinan sobre la voluntad de un pueblo.

Escuchen nuestro grito de guerra:
"¡Basta ya; no toleraremos que marchiten
ni una flor más, de este,
nuestro hermoso jardín borinqueño!".

Alexandra Rivera Ojea

Puerto Rico.

***

Feminicidio

No hay respeto por la vida, ni por la muerte
Es una causa perdida, pocas tienen suerte
Se hace más grande la herida, nos vuelve impotentes
Que a manos del feminicida quedemos inertes

¿Qué será del día a día de cada pariente?
Al que le toca despedirse forzosamente
Y asimilar que ya _____ no estará presente

A todas esas vidas:
Gracias por ser valientes,
El no tenerlas aquí nos hace resilientes
Lucharemos (por) todas, aunque estén ausentes
y exigiremos justicia incansablemente

Mayra R. Encarnación Meléndez

Puerto Rico

***

Costras descalabradas

el paso de la memoria alborota los latidos
ni Eva
sin manzana
brinco el laberinto
(de la continuidad)
sin las ataduras
de las mujeres que me habitan
libero las cadenas del cuerpo
recobro el crisol de mi voz
deshojo las faenas de conciencia
sin manzana que morder
reviento la semilla de mi identidad

Limpio las costras descalabradas de mi ser

***

Agua mansa

Nos dijeron
consume agua mansa del silencio
único refugio del pecado
Nos sembraron en las venas
resguardo de olvido
cortaron nuestras palabras
cercenaron nuestros pasos
violentaron nuestros espejos

por cada laurel un farallón
por cada pendón un cortafuego

Somos esas mujeres
hijas del caracol ancestral que mana leche y miel
Somos esas criaturas que envenenan sus entrañas
como acto de exorcismo o purificación
(mirada firme)
estirpe en erupción

Nos dijeron que estrecháramos el oficio del hogar
como nuestra manifestación indelegable
armamos la casa
a los hijos
a las hijas
a la escuela
desde el espacio de la voluntad
diseminamos la palabra libertad

cuarto propio huracán de pasión
cuarto propio sostén de la educación
ya el telar desteje la mordaza
el solar vierte su melaza

Somos cuerpo insurrecto

Somos marcha invariable en un Caribe sin suelo
Somos grito desabrigado en tierra fértil
Somos
¡Somos!

P.D. Filtramos el agua mansa con sangre de rebelión.

***

47

Llamarada

esa mujer desangra amor
por las venas clausuradas de odio y olvido
lucha contra su piel ajada
clava su llanto en un manto de silencio
hoy
mañana
hoy
mañana
reverbera la desidia de un pueblo amurallado

isla descarnada de suelo
mujer-isla
isla-mujer
tronco ancestral encadenado
voz amordazada
cuerpo cercenado desde la fecundación

esa mujer desangra resignación
lucha contra su piel empobrecida
eleva su grito de guerra
desde el útero negado a retoñar
mujer-tierra

eleva su resistencia
negada al brote de la semilla
por elección
por convicción

aclama por su cuerpo
(cataclismo perpetuo)
apetece mirar su matriz desde la pupila de la voluntad
descuartiza la sombra del silencio
esa mujer
esa mujer

esa
mujer
desangra

P.D. Rehúsa rehilar el cordón umbilical

Yuleysy M. Ortiz Jerez

Puerto Rico / República Dominicana

***

T. En lucha de tu muerte (Elegía)

Todos la conocimos.
Profesional, mujer,
hermana, mujer,
compañera, mujer,
hija, madre y amiga.

Mujer.
Tierra de caricias tibias,
fértil amor, cándido dulzor.

Mujer, esencia y plenitud,
constelación divina,
cobija, hogar,
brote infinito de esperanza.

Nos enseñaste el amor,
el verdadero e incondicional, tan difícil de encontrar,
el que se ríe contigo
y toma tu mano,
el que te cura, te cambia,
te mueve, te desnuda.

Me enseñaste el amor y aprendí a vivir.
Y en esta pesadilla
en la que te han arrancado de raíz de nuestras vidas,
me resisto.

Me resisto a creer que ya no estás
y que ahora tengo que aprender
a vivir sin ti.

Todo por un supuesto amor, una farsa orquestada
que en nada se parece
a lo que me mostraste.
Una obsesión ardiente
que te incineró de a poco,
de a gritos,
dejándote chamuscada.

Y no me di cuenta
que estallaba y te estrallaba
y seguía prometiéndote estrellas.
No estuve cuando lo encarabas y te escupía.
¡Descarada!
Los amagos que seguro tan caro te salían,
profanándote y manchándote de morado y exigiéndote
que al final del día te acostaras a su lado.

¿Por qué?
Porque te amaba,
seguro decía y así me lo repetías.
Porque te lamía las heridas
como si esas mismas manos
no las hubieran causado.

"Aquí un ramito de rosas",
te ofrecía,
"una por cada golpiza",
ya sabías.
Rojas como tu sangre,
preludio de otra paliza.

Así terminaste, en el cuadrilátero de tu propia casa,
asaltada, derribada, atrapada en un combate:
¡Un gancho, suena la campana, se acaban las rondas!
Pero no había público.
Estabas sola.
Caíste y solo quedaban el violeta de tus ojos
y lo sangrante de tus labios.

Mujer, quieren culparte.
Mujer, te hicieron sombra,
te vistieron de ácido, te envenenaron con celos.
Mujer,
estrujaron tu cuerpo y me lo hicieron un recuerdo,
una injusticia,
unos restos que identificar.

Ahí se acabó todo.
Mujer, te he fallado.
Te prendieron en fuego,
la carne viva, el espíritu... deshecho.

Todos la conocimos.
Profesional, mujer,
hermana, mujer,
compañera, mujer,
hija, madre y amiga.

Mujer, tierra de caricias tibias,
fértil amor, cándido dulzor.
Mujer, esencia y plenitud,
constelación divina,
cobija, hogar,
brote infinito de esperanza.

Nos enseñaste el amor.
No, no es que la vida
se sienta diferente sin ti.

Sin ti no hay vida.
Y en la lucha de tu muerte
solo queda escrito:
"Comenzó con una amenaza,
un insulto, un empujón,
una promesa vacía".

Alma Amor Montoya

México

***

Shhhhh...

Calla... siempre calla...
Si te veo, calla...
Si te incomodo, calla...
Si te toco, calla...

Porque en tu silencio está mi fuerza,
en tu miedo está mi poder,
en tu derrota está el olvido.

Calla... siempre calla...
Yo seguiré al acecho...
Yo seguiré tocando...
Yo seguiré acosando...

Tú calla, siempre calla...
Mientras, yo seguiré atando...
Yo seguiré jugando...
Yo seguiré matando...

Pamela Zamora Quesada

Canadá / Costa Rica

***

Dientes cubiertos

Entonces lo invisible politizó mi respiración.
Hace un tiempo mis dientes y yo.
Yo y mis dientes. Eran días frescos, simples.
            (Nunca libres. Nunca justos.)

Ahora son públicos, políticos, enjuiciados...

Ella ya no respira, *Ni una menos. Ni una menos.*
¿Y nosotros más?
Y aunque cubiertos, mis dientes imaginan justicia, inventan
protesta, teorizan caminos.
En la foto somos varias.
En la plataforma, miles.
En el periódico, siempre variantes.
La foto eterniza, dientes cubiertos, cuerpos molestos,
violencias ancestrales.
Ingenua, y en duda, publico otra foto, sin aura.

Comentarios, varios.

Este es el medio, ¿de qué?
Medio accesible, rápido, colorido, fácil.
Inmunizador, pero rápido, de moda, ruidoso.
Una esfera pública, también ruidosa, un medio.
Una obligación pasiva en el ejercicio ciudadano global.
Una elección.
En la foto somos varias.
En la plataforma, miles.

55

En el periódico, siempre variantes.
La foto eterniza, dientes cubiertos, cuerpos molestos,
violencias ancestrales.
Ingenua, y en duda, publico otra foto, sin aura.

Es una verdad en medio de miles.

Y nosotros controlamos,
Publicamos,
Imaginamos comunicarnos con otros dientes cubiertos, quizá
inmunes por medio de la foto.

Él tampoco respira, protesto. Invento resistencia, imagino
cambios. Capturo rapidez.
I can't breathe.
Eternizo momentos, no sus auras.
Me cubro los dientes públicos, políticos, enjuiciados...
Él ya no respira, y mi aire es como un acto político.
Él ya no respira. Yo me cubro la boca.

En la foto somos varias.
En la plataforma, miles.
En el periódico, siempre variantes.
La foto eterniza, dientes cubiertos, cuerpos molestos,
violencias ancestrales.
Ingenua, y en duda, publico otra foto, sin aura.

Es una verdad en medio de miles

Apago la computadora...

Pero la pregunta sigue:
¿cuál es el medio?
La protesta se *apropia* del medio,
Algoritmos en medio de todo.
¿Creamos algoritmos? ¿A medias?

Enver Bazante

Ecuador

***

Víctima de "trata"

Despierta en la madrugada,
nuestro compromiso altera,
paciencia será necesitada,
para hablarle con prudencia.

Espera, debemos ayudarla,
ocasión no es que prefiera,
pernoctamos en el mundo,
fortalezcamos así la tierra.

Despertará otra vez los sonidos,
agudiza oídos e inquieta,
parecen lágrimas en los ojos,
intenta lo malo dejar fuera.

Espera, esta noche los dolores,
son alejados con buenas hierbas,
medicinas ya no surten efecto,
para quitar el mal de sus venas.

Despertó una mañana... libre,
feliz como mi amiga era,
ya no es víctima de "trata",
hoy su espíritu se aleja.

Claudia Flores Espinosa

México

***

A flor de pincel

A flor de pincel las he dibujado a todas
pienso en mi cuerpo que se crece por las tardes
con mi voz que es para todes, para todas.
Creí escuchar alguna vez que Dios nos mira,
acosadores y machistas están al blanco de su ira.
Arrojadas entre vías, en baldíos, entre casas frías
yacen como flores desmembradas por manos de ira.
Vagando por las calles el criminal las mira
aquí familias de la tierra está mi grito como artillería:
¡No somos un trofeo, ni servidumbre, ni guardería!
Somos todes mujeres sabias, trabajadoras, profesionistas
¡nunca más incapaces, indefensas o desvalidas!
Entre alumbrados públicos los mosquitos nocturnos
las han visto desaparecer con sus melenas vivas
hoy a flor de pincel les saludo con mis entrañas heridas.

Sandra Santana

Puerto Rico

***

Cultura para mujeres

Una palmadita en la mano de la niña: eso no se toca
Un reglazo en el brazo de la estudiante: presta atención
Un castigo a la niña que cuestiona: obedece a los adultos
Un manotazo en la boca de la niña rebelde: eso no se dice
La seducción a la inocencia infantil: guárdame el secreto
Las amenazas que paralizan: nadie te creerá
El abuso indiscriminado: tú lo provocaste
Un asesinato en primera plana: de seguro se lo buscó
Una sociedad enajenada: la historia se repite.

Lara I. López de Jesús

Estados Unidos / Puerto Rico

***

La ola

Dicen que pronto llegará el día, cuando la ira, la furia
     y la rabia
despertarán desde las entrañas y levantarán a las sirenas,
causando una ola que arropará la Tierra completa.

Todo se hará eco de un ejército sordo, mudo y ciego,
que entrará a este mundo vestido de plata
y armado con lágrimas que no serán de perlas.

Niñas, mujeres y ancianas.
Manoseadas, empaladas, asesinadas.
Esperpentos femeninos con sabor a tristeza.

Todo el dolor del vientre se escuchará por fin de una sola vez.

La ola, insoportablemente turbia, no parará de crecer,
y se encargará de devorar cada herramienta, institución
     y pincel.

Desechos de esclavas, estudiantes, princesas,
brujas, esposas, putas o sirvientas.

Restos de todas ellas, de todas nosotras, de aquellas, de esas.
Ni una de más. Ni una de menos.

Se formará el dígito perfecto de vaginas hambrientas,
que desintegrará todo hasta quemar el silencio.

Y ella misma, con su irracionalidad de ola,
vomitará con fuerza el primer color, un nuevo engendro.

Parecido a un número, tal vez.
Quizás tenga también un poco de nota
y otro poco, pero muy poco,
y solo quizás, de ninguna letra.

Aleksandra Lekic Vujisic

Montenegro

***

Instrucciones de uso

En caso de emergencia abre tu alma
funciona con seguridad incluso cuando parece difícil.
Por maldiciones, por miedos, por hambre y sequía,
para todos nosotros bienes dañados.
En caso de emergencia no te preocupes demasiado
porque todo en este mundo tiene su fin.
Por mentiras, ignorancia, vanidad y persecución,
para el dolor real y el final falso.
En caso de emergencia cierra todas tus dudas,
saca tu hogar de la caja de cristal,
deja salir los pensamientos inquietos y adivinando,
Deja que el miedo y la desesperanza se pierdan.

Traducido al español por Emilio Paz Panana.

Fernanda Avendaño

México

***

Niñas buenas

Aprendimos a portarnos bien
cuando el premio fueron dulces,
muñecas y vestidos de holanes.

También aprendimos a no derramar
el agua mientras regábamos las flores
o servíamos el té y nos recogíamos el llanto
con el mismo paño que después limpiaba
las encimeras de la cocina.

Otras aprendíamos sentadas en las piernas
del cura, que nos pedía le contáramos nuestros
pecados ¿sabes qué es *deseo* hijita?
¿Sabes qué tienes en medio de las piernitas?
¿Puedes rezar el *Ave María* mientras ves
a Dios guiando mis dedos en sábado de gloria?

A otras el "sé buena" se nos resbalaba por los muslos
mientras una mano ajena lo empujaba hacia dentro nuestro
empapando la calle de virginidad y saliva.

***

Niñas de la guerra

No quiero parirle hijas a esta patria,
que tendrán que seguir pariendo:

Niños para la guerra,
niñas para las trincheras.

Niñas que van a parir
más niñas para parir...
Y parir
        y parir
        y parir...

Parir niños para el batallón.
        Cuerpos para las trincheras.
        Carne de cañón.
        Efecto colateral.
Baja aceptable.
        Bala perdida.
        Escudo humano
        para bloquear
        fuego enemigo.

No quiero parir más hijas
que verán estallar las guerras.

Guerras que vendrán a las niñas
que paren con violencia.
Guerras de niños,
para niñas que no deben ir a la guerra.

Guerras que se encuentran en las casas
donde las niñas paren con violencia
a lado de antiguas muñecas,
y bayonetas de madera,
que no son grandes armas
para enfrentarse a la patria.

A una patria que exige niños.
Niños que la defiendan.

Mientras pide más niñas
para seguir pariendo
niños para hacer la guerra.

No quiero parirle hijas a esta patria,
que tendrán que seguir pariendo:
mexicanos al grito de guerra.

***

Pesquisa I

Una pesquisa en mi bolsillo
se dobla entre las monedas
y un par de billetes.

Si resguardo mis manos del frío
puedo acariciar tu rostro ausente
mientras sonríes a la mugre de mis uñas.

Pero cuando mi puño se cierra y te envuelve
la mano gemela siente extrañeza.
¿Qué es este cuerpo rugoso que mi palma desconoce?
Tenta el vacío.
Eso ha de ser tu ausencia.

Terminaciones nerviosas que nunca se encuentran.

Olvido que te llevo conmigo y
termino por sentirte hecha una madeja
en el fondo de la costura,
donde estos dedos rígidos
aprenden del "se busca" que mis huellas leen
como si estuviera ciega.

Esta amnesia que no logra evocarte
te toma y te extiende.
Así, el pedazo de cielo reconoce
en mis manos,
la familiar cara
que tapiza el concreto.

De nuevo este abrigo ha vuelto a la percha
yo descuelgo cualquiera que me
regrese a las bolsas vacías,
y a las palmas que solo se encuentran
con ellas mismas.

Mientras, en la esquina, una mano
me tiende entre sus dedos
otra pesquisa.

El infierno es la búsqueda de alguien
oculta en todas las aristas.

Lizbeth Del Rosario Vazquez Cruz

México

***

Las tres parejas de una tumba sin nombre

Te veo
Te veo y me abrazas
Siento tu alma
Me llevas
Juntos flotamos
No me sueltas
No me dejas
¡Juras y perjuras quererme!
Quedarte, amarme
Me dejas en claro que no eres cobarde
Que endulzarás como canela mi corazón
Y bailamos
Bailamos
Te veo
Me ves
Me tomas
Me levantas ¡y! ... me sueltas ¡me soltaste!
Te busco
Te busco, te busco y te busco
¡Amor mío! ¡Está oscuro! ¡No te veo!
Pero sé que tú me ves, lo siento en los huesos
Topo con pared
Te veo ¡otra vez!
Pero eres distinto
Eres igual pero no el mismo
Y parece no importar
¡Y!
Te siento nublado

¿Me ves? Pareces no hacerlo
Pero me tomas
Aprietas mi cintura, bastante a mi gusto
Pero bailamos
Bailamos y lento muy lento
Y cada vez me aprietas más
Parece que no te detienes a esperarme
Y me levantas para no demorarte
Me siento ligera
Ligeramente interpretada
¡Amor coma tus manos!
Se enganchan a mi cuerpo como candados
No me sueltas y damos vueltas
Y no me sueltas
No me sueltas... Y me aprietas
Cada vez más cerca, mucho más cerca
Y otra vez, desapareces
Ya no estoy segura
¿Dónde estás? ¿Por qué te vas? ¿Por qué? ¡¿Por qué?!
Ya no creo que me veas
Creo que me encadenas
Pero me siento vacía
¿Dónde estás? ¡¿Dónde estás?!
Y... te siento, más, todavía más próximo a mí, todo es lento
Es opaco
Muy, muy lento, casi breico
Y me cargas
Damos vueltas sobre tu eje
Dices amarme
Enmielas mis heridas sin sutura
Fúnebre amor el que predicas
Cadenas por manos me sostienen
Me aprietas
Me aprietas
Me aprietas

Tomas en mí una muñeca y sigue tu danza
Hasta que solo queda tu palabra
Ocultando pruebas, invitaciones y salidas
Borras la historia, nuestra coreografía
Y al final una tumba sin nombre
Que escondidas
Tres hipócritas parejas visitan.

Hugolina G. Finck

México

***

Los vendavales aparecieron

DIOSA LUNA
Ya la vida se torna comedia
ya la noche no es estrellada
los cantares se vuelven tragedia
pues mi hija ha sido robada.

Ya te voy a mirar Luna hermosa
ya te miro en la noche selecta
ya descubro que eres grandiosa
ya tu esfera se mira perfecta.

En la tierna alborada los cantos
ya traiciona la nube rosada
ahora solo son negros los cantos
con el brujo se fue mi hija amada.

Luna tienes varita con gracia
que nos lleva a gruta temprano
tu encanto nos quita desgracia
a mirar el rincón más profano.

A tu luz Luna bella princesa
nada temo en rincón más profundo
tu luz quita el temor, da belleza
al rincón más avieso del mundo.

Cuando ya muy redonda no sales
es tu arco belleza romántica
es amor que destruye los males
privilegio, poema en semántica.

Luna trae a mi amada hijita
esa estrella que te acompañaba
tráela pronto a su hogar, su casita
a preciosa que el cielo adornaba.

Eres Luna varita con magia
lanza amores cuajados de dicha
son amores con grata nostalgia
alegrías con magia predicha.

Protectora de amor juvenil
protectora de amores adultos
protectora del amor sutil
protectora del amor en culto.

Primavera, verano y otoño
con tu magia de amor florecido
el invierno provoca retoño
de retornos que tú has cumplido.

En el día te ves primorosa
tan alegre algodón platinado
nube blanca de ti está orgullosa
nube negra se quita de lado.

Una tarde te vi luminosa
esa tarde el amor llegó
desde entonces te miro grandiosa
pues tu luz a mi hija adornó.

Tú le hablas al bello paisaje
tú conversas con la bella flor
tú me vistes con bello ropaje
vestimenta de oro es amor.

El amor me reviste de estrella
tú pusiste el amor en mi vida
gracias Luna, mi Luna tan bella
agradezco tu magia vivida.

Pero ahora tu magia no siento
pues mi hijita no está, no aparece
luz de Luna tu magia presiento
la traerás pues tu magia ya crece.

Vamos Luna, adorno nocturno
echa magia de mil alboradas
nunca el cielo estará taciturno
cielo alegre de albas doradas.

¡Por favor aparece a mi hija!
Yo te imploro la traigas ahora
ya tu cielo me hiere cual lija
ya regresa a mi hija en buena hora.

AYER MORÍ
Ayer morí fue mi fin
bien creo que así haya sido
sin mi hijita en el nido
la muerte no es nada ruin
acepto a la muerte afín
no por llegar a la gloria
sino porque la memoria
me lleva a ver muchos diablos
me devuelven los resabios
relación tediosa es Moira.

Mi ventana está muy sola
la cerré en la fría noche
le puse cortina doble
y me fui a mi sueño en olas
de negruras espantosas
que agitaron mis sarapes
y sentí crueles calambres
porque el frío me invadió
la tristeza me dobló
en mi mente había desastres.

Ayer fallecí en la tarde
aburrida, triste y ya
alborada ya no va
no quiero y no es alarde
morir en el viejo catre
me metí en noche sombría
escapó mi ánima fría
no estoy viva, ya estoy muerta
ya nunca estaré alerta
no está mi ánima en vía.

Y llegaron a amarrarme
con una camisa blanca
me dijeron que en la banca
del jardín podía sentarme
y que ahí podría quedarme
hasta la hora de comer
bajo el laurel ya beber
pero los muertos no comen
estoy muerta ¿qué no oyen?
Estoy muerta desde ayer.

Bueno que no tengo vida
no aparece mi paloma
la tristeza me carcoma

me metió en esta agonía
de tener su cama fría
la vida ya se escapó
mi boca ya no comió
la comida es para el vivo
no para el cadáver frío
por eso, no como yo.

PROFANACIÓN
En la calle adornada con mil flores
una linda e inocente jovencita
se paseaba admirando la gotita
de los néctares, en flores los primores.

Por atrás un individuo con delirio
muy falaz le dio un golpe en la cabeza
desmayando a doncella con presteza
se aprovecha, le provoca un gran martirio.

La encontraron desmayada en algún prado
mariposas en su cara se posaban
pero ahora ¡ya qué bueno, la encontraban!
Y al maleante ya lo tienen apresado.

Con eléctricas cadenas lo cargaron
su condena ya no tiene la clemencia
y la chica ya olvida esa vivencia
y tranquila con arrullos la abrazaron.

Camila Santa

Colombia

***

Peligro

El miedo está presente con el solo respirar, nada es seguro, las calles, el transporte, la escuela, la casa, todo grita peligro; cada hora que pasa es una menos de nosotras, y la muerte se empieza a sentir más cercana y amigable al pasar los días. Los golpes y palabras son dirigidos hacia nosotras de forma indiscriminada, sin razón aparente, algunos incluso profesan que demuestran su amor de esa forma, y qué bajeza de personas son; la culpa es siempre de la víctima, y a quienes enseñan a cuidarse y respetarse son a nosotras y no a ellos quienes cometen las violencias. Los feminicidios son silenciosos, nadie habla de ello, ocurren uno tras otro de manera recurrente, y, sin embargo, aún no son capaces de ver el peligro y violencia al que nos enfrentamos solo por ser mujeres; la sociedad se niega a ver realidades, y quienes las notan son apartadas y silenciadas, la violencia de la violencia...

***

Por ser

Por las que estamos ahorita, por las que han estado, y por las que estarán, por quienes sus voces han sido apagadas, por quienes no tuvieron y no tienen opción, por las que luchan, por las que piden, por las que lloran, por las que recuerdan y por las que anhelan. Por poder regresar sola a casa, por usar lo que quiera, por tomar cuanto quiera, por follar con quien quiera, por decidir, por ser tratada como persona, por no ser cosificada, por ser escuchadas y respetadas. La sumisión no es una opción, el silencio no será más nuestra respuesta.

***

Nos llaman...

Nos llaman histéricas cuando levantamos la voz para pedir por nuestros derechos, esos mismos que nos han arrebatado por años; nos llaman locas los mismos que nos abusan y violentan en cualquier espacio donde tengan oportunidad; nos llaman putas al ver que nos disfrutamos y nos gozamos la sexualidad, esa misma de la que ellos alardean constantemente; nos llaman asesinas por tener autonomía y decisión sobre nuestro propio cuerpo; nos llaman hormonales cuando expresamos nuestras opiniones y posiciones, esos mismos que gritan y lloran frente a una pantalla mientras ven un partido de futbol; utilizan el brujas como insulto cuando se sienten amenazados por nuestras capacidades, aún nos intentan quemar en hogueras como hicieron hace tiempo con nuestras hermanas al descubrir el potencial inherente que llevamos. Pero, ante todo, seguimos juntas, luchando y resistiendo la guerra que nos ha tocado llevar por tener vagina y no pene ente nuestras piernas.

Ana María Burgos Martínez

Puerto Rico

***

Perdón, (amé)

Te fui
no me diste otra opción.
Te agarraste de mis zócalos,
pero ya era tarde
las amapolas se habían marchitado.
Me eché la culpa
tantas veces.
Acepté, que tu amor
era mi reflejo en ti.
Te pedí perdón. Amé.
Me perdoné.
Racimos de magas
renacieron dentro de mí.

***

Remolinos

En mis manos bosque seco
donde una vez estuvo el huerto,
nuestro huerto de corona y flores blancas
tejidas con hilos de sol y mi pelo.
Tendiste una alfombra de yerbabuena,
esculpiste escaleras
de polvo de estrellas para gravitar
hilvanando sueños infinitos.
Abatido quedó el lucero de universo
donde te alcanzaron los cuervos

77

cargando tu manto de penumbra.
Quise alcanzar los anillos de Saturno
para conjurarte de las tinieblas.
Sin embargo, la oscuridad interminable
te condujo a las madejas de tu pasado.
Los pétalos falsos se fueron cayendo
tus dientes dorados escupieron dolor.
Reflejo en tu boca llena de soberbia.
En un hoyo negro se esfumó el camino de constelaciones.
Entierro el bosque, entierro el huerto
las coronas y galaxias.
Me revisto de trinitarias
donde me hago viento y remolinos.

***

Latido de luz

Fue casualidad
que nuestras voces se acogieron
en mi vulnerable rincón.
Vi en tu mirada un cedro impetuoso,
ganas de vivir.
Yo, hebrada toda en flamboyán,
florecí por ti.
Me colmaste y me saciaste,
pintaste con acuarelas las alas
de nuestro porvenir.
Sembraste jardines cundidos-de-amor
para mi felicidad.
Me enamoré. Te enamoraste.
Te creí.
Me moldeaste a tu imagen.
Esculpiste sobre mi alma.
Trazaste el camino para yo
caminar sobre tus huellas.

Fui entonces
plasmada estampa de tu visión.
Comencé cada día
a ser más de ti.
Mi vestuario: tu capricho.
Mi peinado: tu antojo.
La música: de tu agrado.
Las películas: tu deleite.
La cena: tu placer.
Tus historias, se volvieron mías.
Y yo seguía feliz.
Al menos así creía.
Y fui alejándome más de mí en el camino.
Confiando.
Ya sin sueños,
sin placeres propios.
Cumplí como Timoteo: 2:11.
Siempre mi respuesta:
"¡Sí, mi amor!".
Me tatuaste en tu hombro
Confirmaste tu amor frente a todos.
Poco a poco se fue esfumando el cedro impetuoso.
El cielo se volvió cascado.
Tus ojos fueron entonces cuchillos,
y tu lengua, látigo inmisericorde.
Volviste mi entorno inseguro y confuso
buscando fracturar mi ser.
Tuve que transformarme, protegerme.
Días, semanas, meses, años.
Seca y espinosa.
Opiada con tu amargura.
Hasta el momento
en que vi tus desdobles,
y la razón de tu máscara carnavalesca.
Se fue desvaneciendo el hilo
que quedaba del reflejo de mi añoranza.

Te dejé capturado en el tiempo
enmarañado de tus falsedades,
escondido entre las sombras de tu propia sombra
donde deambulas enlutado y tenebroso
extinguiendo las claridades a las estrellas.
Te fuiste por el camino de sal.
Y yo con el mar adherido a mis ojos,
fui enterrando ese amor adolorido.
Me olvido. Me libero.
Regresa el sonido a mis palabras.
¡Bienvenidos los atardeceres
con mi sol de amapola y canarias enlazadas!
Cantos y vuelos de ruiseñores y picaflores con
gardenias florecidas en mis dedos.
Soy.
He vuelto a ser el verbo de mis acciones.

Patricia Schaefer Röder

Puerto Rico / Venezuela

***

GRITOS

Gris es el aire
que te envuelve, inconsciente
rancio de muerte.

Raudos los tiros
también el viento gime
ya no es susurro.

Ígneo tornasol
brota de tus entrañas
lava escarlata.

Tu piel, arcoíris
solo bajo la ropa
donde no se ve.

Otro grito más
nunca puedes razonar
con tu asesino.

Sorda la mente
escucha tu instinto:
escapa y vive.

Publicado en *Grito de Mujer Perú 2020*.

***

Una más

Solo una más
tu aliento quedó partido sobre el labio
junto a un hilo rojo
en el piso de linóleo verde
del dormitorio principal.

Una de millones.
Tu verdugo, tu marido
amigo de toda la vida
vecino del mismo barrio
monaguillo dominguero.

Tú, niña ingenua
con flores te enamoró
con lágrimas te chanteajeaba
lento pero seguro
fue tejiendo su gran red
adornada de colores
mentiras huecas
y clichés baratos.

Víctima de las tradiciones
a escondidas de la gente
de espaldas al familiar templo
te pervertía despacio
galán de pueblo perdido
con alcohol e inmundicia
mil vicios incitaba
y te ganaba cada minuto
en resistencia un poco más.

La cultura te anuló
sorda y ciega por tu hombre.
Tan guapo, alto, apuesto
lo hiciste único Señor
el cerebro de la casa
la cabeza del hogar.
Tú, deslumbrada y sonriente
lo atendías cariñosa
llena de orgullo presumías
cual si fuese el premio gordo
de la *kermés* sabatina
en la plaza del templo.
Y así, día a día
de todo te dejabas convencer
porque pensar era imposible
no era esa tu esencia
ni tu facultad
...estaba prohibido.

Sierva moderna
cada semana vivida
de lunes a sábado glorioso
el gran macho, tu marido
te enviciaba un tanto más.
Ya adicta, los domingos
sin falta alguna
el Cristo quitamanchas
debía lavar de tu alma
lo sucio del pecado
para hacerte sentir santa y casta
...y pura, muy pura
de nuevo.

Vasalla deslumbrada
tu dueño, propietario
tú, su ferviente esclava

ajena a la vida
veías como pasión
la gangrena en su alma
el maltrato ignoraste
tú, su perra fiel
a quien él vendía barata
a otros machos
a muchos otros
y mirándote regalada
se calentaba, poderoso
sabiéndose infalible
siempre tu único Dios.

Hembra de tu macho
que entero idolatrabas.
El que una tarde de septiembre
llegó a deshora del trabajo
y te sorprendió consumando
con uno de tantos aquellos
que te gozaban en la inmundicia
con su bendición de chulo.
"¡Maldita puta! ¿Qué haces?", gritó.
Tú no lo entendiste.
"Hago lo que me enseñas.
Lo que te gusta, mi cielo.
¡Mírame, mírame!".
Fue lo último que dijiste
antes del golpe en la sien
que llegó con saña furiosa
en la botella de tequila
mientras el otro huía con pavor
...un cobarde del montón.

Fuiste solo una más
mujer de hipócrita vida
que siempre creyó cierto

lo que decían los otros.
Nadie te enseñó a razonar
solo a cumplir, contenta
"quien obedece no se equivoca"
"no preguntes nunca nada
complácelo ciega siempre
recuerda que tú solo eres el corazón
y tu marido es el cerebro".
Así está escrito
así lo quiere Dios.

Mujer simple, mujer buena
lo acataste a cabalidad
y esa tarde calurosa
desnuda caíste al suelo
junto al ventilador amarillo
manchada tu boca
de leche y sangre frescas
con ojos abiertos, vacíos
entre mil vidrios brillantes
siempre a los pies de tu amo
tu grandioso Señor
ese que solo te odió.

***

La elegida

Tus lágrimas secas
granos de sal amarga
son arena del desierto
que lenta se desintegra
y cae en la copa inferior
del reloj inmemorial.

El vestido de florecillas
roto en jirones violentos

se deshace hebra a hebra
bajo el sol candente
lejos del camino transitado.

Mujer del barrio norteño
de estirpe valiente y fuerte
muy temprano entendiste
que tiene futuro quien lo labora.
En la escuela te aplicaste
era esponja tu cerebro
preferiste sumar que dividir
multiplicando conocimientos
con la meta en el entrecejo
progresarías rauda
en un buen trabajo
cerca, no lejano
donde ganaras suficiente
para tortillas con frijoles
y carnitas con panela
para sonreírte en el espejo
y tener un futuro tuyo
tú, la fiel protagonista
de tu propia vida
soberana
plena.

Hace tiempo
tu marido cruzó la frontera
...sigues esperando noticias suyas.
Por tu parte, te esforzaste
mucho a mucho y sin parar
y obrando cada semana
ahorraste lo necesario
para comprar esa, tu casa
modesta, blanca
pequeña y propia

para Malena, para Esteban
para tu madre, para ti
para Chilito, el perro
la casa en la periferia
donde vivieran tranquilos
todos juntos
al fin.

Ahora
la historia quedó cortada
tus sueños se desvanecen
solo hueles la tierra seca
que te recibió pasiva
como cualquier otro objeto inerte
la madrugada
de ese día de mayo.

Temes por tus hijas
también por los chicos
pero es distinto, lo sabes
tu alma llora la no despedida
los besaste aún dormidos
saliste a las tres en punto
porque te cambiaron el turno
en la maquiladora.
Te arreglaste con premura
te persignaste como siempre
abrazaste a tu madre con fuerza
"te encargo a los chiquillos"
y sin sospecharlo fuiste
a toparte con tu asesino
en el lugar menos pensado
en el momento equivocado
a la hora fatal.

El vestido de florecillas
el maldito rompió con violencia

cuando te sorprendió andando
antes de alcanzar el camino mayor.

Tus lágrimas rodaron espesas
llenas de sal amarga
por la arena del reloj
de tus antepasadas
tendida quedaste en el desierto norteño
que seca te abrasará
al calor inmisericorde
del sol tan ardiente
cuando aún nadie sospeche
que estás desaparecida.

Alcides Meléndez

Estados Unidos

***

Leyes asesinas

Para Jina Mahsa Amini,
la joven iraní asesinada
por no colocarse un velo
adecuadamente.

No titubeó la mano asesina,
sin conciencia, sin sentimiento,
¿pero acaso los tienen?
Sus "divinas leyes" así lo destinan.
Su dios de leyes criminales,
esclavo y señor de su fe,
impulsó el brazo ejecutor
y en instantes fatales
el verdugo segó su vida.
Sin compasión, sin arrepentimiento
cumpliste con tu dios,
deidad dueña de vidas,
donde no hay perdón ni redimiento.
Ofendiste a dios, mujer; ese pecado
se paga con la vida y con la vida
te cobraron en plena juventud,
un descuido en tu vestimenta
la vida te ha costado.
Te truncaron sueños y esperanzas
de tu vida en primavera
en nombre de leyes, de fe,
de odios y venganzas.
Quizás en tu mirar postrero,
mujer le recordaste a tu verdugo

que su ser se lo debe a una madre
que es mujer, y le dio la vida
en un instante, ese instante en el
que te quita la vida en nombre
de tu dios, de sus leyes divinas,
leyes criminales.

***

Linda

Para Linda Loaiza,
secuestrada a sus 18 años el 21/03/2001.
Torturada, abusada y mutilada.

A tus años de dieciocho
primaveras, tu linda cara,
lozana frescura juvenil, sus destellos
lucías a la vida, al mundo,
todo era sonrisas y esperanzas.
La mano impía, con vileza
y alevosía, siniestra, asesina y tenebrosa
de un esquizofrénico malvado y cruel,
surcó tu rostro con saña y desenfrenado
sadismo, en desfigurada imagen.

Pero hoy, Linda, eres más linda,
tu rostro se transformó en ícono
de lucha y valentía, no lo escondiste,
lo asomaste para pedir justicia,
esa justicia de vericuetos amañada
por togados venales convertidos en jueces.

Linda, tu rostro luce más lindo
porque lo maquillaste con afán de lucha
para clamar justicia, no bastó
el secuestro al que por largo tiempo

te sometió el sátrapa, no bastaron
cuatro meses atada en la oscura
soledad de tu encierro, no bastaron
las cicatrices en tu marcada tez;
"no hay evidencias, eran pareja",
las torturas en tu dignidad, la
sádica violencia con ardientes quemaduras,
no fueron "pruebas suficientes".

Triste, risible y pueril conclusión
para que la justicia con toga de adorno
una blandengue sentencia, condenara
al impío.

Hoy tu rostro es más bello,
se hizo símbolo de perseverancia,
hoy brilla más linda tu cara, hoy eres
invitada y reconocida, reconocimiento
es el premio a tu entereza.

El tenebroso sádico, ángel de la
malignidad, ¿dónde estará en su libertad
con sus negros pensamientos y
remordimientos?

Por eso, Linda, tu rostro es más bonito.

***

Negra Navidad

Para la Jueza Afiuni,
condenada el 10/12/2009.

Diciembre, mes rey del año,
el mes más bonito, de sueños,
esperanzas, alegrías, reencuentros

91

familiares, abrazos, promesas;
son todos los arreos con que se orlan
estos decembrinos días.

La cena navideña al calor
del entorno de la mesa familiar,
faltando pocos amaneceres para
la Natividad esperada, en increíble
pesadilla trastocó los felices
pensamientos en negras sombras
para quien debía impartir en su
condición de jueza, una decisión
que cambió su vida.

Apenas concluyó su sentencia,
comenzó su sacrificado camino;
en duros adioses quedaron sus sonados
y felices momentos de la noche pascual.
La decisión no agradó al dueño y señor
de la ley, el charlatán, el todopoderoso
del poder y el esclavizante del país,
exudó por sus poros de odio, de ira
y resentimiento, toda su hierática
y contenida maldad, en la humanidad
de esta jueza cumplidora de la ley.
Las brillantes estrellas de la noche
de la Natividad, la Estrella de Belén,
las sonrisas familiares y los brindis
de enhorabuena, se atascaron
en la oscura mazmorra de una celda, sola
en sus cavilaciones lanzadas a las
tenebrosidades de la noche.
A voz en cuello, el fanfarrón la sometió
al escarnio, humillación y vilipendio;
eres una presa del felón, más
allá de la pena permitida por la ley
te condenó el dueño de las leyes.

Estoica soportaste las torturas,
vejaciones, violaciones a tu dignidad
y todo inhumano sacrificio.
Una libertad condicionada después
de años encerrada en sórdidas celdas,
con sádicas restricciones, se revertió
en una nueva condena por "corrupción
espiritual" para hacerte esclava de una celda.
Heroína del sacrificio, eres mujer;
el vengativo e inhumano acosador, tirano
y felón, hoy arde en las quemantes llamas
de las pailas del averno.

Verónica Vergara

España

***

Juárez

Son las almas más bellas de la ciudad maldita
en cuyo asfalto sangre clama justicia...

Abandonadas yacen las inocentes
y en su paraje hostil se hallan mil cruces
que hablan de la ira y la miseria
del odio del malvado y del silencio
que envuelve de cobardes el infierno
y de vergüenza al justo torna mudo.

Son las almas más bellas de la ciudad maldita
cuyo nombre la muerte tiñe de espanto.
La esperanza se muere en sus calles marchitas
mientras el mal acecha en la plaza del llanto.

Son las almas más bellas de las hijas que gritan
desde la tumba abierta que rasga el ovario
con la sangre que mana de heridas abiertas
que el puño de la ira reventó de cuajo.

Son las almas más bellas de las madres que sufren
el dolor de sus rostros en muecas de barro
que arrastra el polvo rojo del viento envenenado
de la ciudad maldita de nombre mexicano.

Galvarino Orellana

Chile

***

El susurro de la bestia

Por las paredes del cerebro
la oscuridad se cuela en un rincón
donde entre celdas y candados
yace dormida la bestia misógina
esperando escapar de su guarida.
Las tinieblas
envuelven los pensamientos,
los sentimientos florecen en su boca
seduce una tierna amapola
construye la familia
espera su momento.
No se inmuta para nada
cuando con palabras comienza a herir
seguirán empujones y golpes
que acallará con caricias y perdón
porque solo es un pequeño aperitivo
para el psicópata que vive en él.
Golpea... Golpea
le susurra la voz
no tengas temor.
Golpea... Golpea
no tengas piedad,
nada más es una mujer
que nadie defenderá
y un orgasmo te regalará.
El psicópata machista goza
con el miedo de la mujer
que vive escondida del qué dirán

y por el amor enfermizo que siente por él,
pero no se da cuenta de que su silencio
a la muerte, un día la llevará.
Mujer, despierta, no sueñes más,
nada lo hará cambiar
sus promesas se las llevará el viento
perdiéndose en el mar del tiempo.
Mujer... Libre te quiero
no regales el luto a tus hijos
denuncia a tu agresor
que escondido en la oscuridad
de tu anonimato enfermizo
espera con paciencia regalarte un viaje
del cual nunca... Regresarás.

***

¡Mujer...! ¡Denuncia a tu agresor!

Quizás no puedo describir
la magia de la poesía,
pero sí entiendo el abecedario
que me permite denunciar
lo que ocurre a mi alrededor
cuando otros se quedan callados.
Con las letras puedo describir
interpretar y escribir
sobre aquella mujer, esposa
conviviente, madre
que nos apoya y levanta
en la lucha diaria por sobrevivir.
Todo ello lo puedo describir,
sin embargo, no puedo comprender
que en pleno siglo veintiuno
todavía existan maltratadores:
machistas y misóginos

con golpes y palabras
gozan con tu dolor.
Tampoco puedo entender
como tú, mujer maltratada
no denuncias a tu agresor,
o es que esta sociedad
moralmente corrupta
te obliga a cerrar los ojos
porque la justicia aún lo justifica
porque vivimos en un mundo globalizado.
Todo eso, siento
son verdades sin respuesta
de la violencia machista
que se vive y palpa cada día
sin despertar la conciencia de la justicia,
de los políticos y creyentes que viven
en el mundo de la doble moral.
Yo manifiesto, libre te quiero viva...
Sin embargo, ¿qué pasa con los demás?

Rafael González Fernández

Puerto Rico

***

Reclamos

Tú eres pequeña y yo grande.
Grande por tamaño físico, pero tú en realidad eres inmensa.
Más allá de carnes sesos colores y sombras.
Te he visto luchar libertades a machete fusil y palabras.
A ratos mi cabeza amarró tu hombro y se sintió bien.
      Muy bien.
Otras veces tu cabeza destelló alientos en mi hombro y fue
      bueno. Muy bueno.
Juntos hemos creado palabras sueños armonías y disonancias.
Tus palabras han llenado la ausencia de las mías. Muchas
      veces.
Otras te he prestado yo mis oraciones. Hemos intercambiado
      alas.
Hasta el punto de volver loco muy loco al rumbo del viento.
Transfundimos ideas pieles dolor gloria fracaso exilios y
      abandonos.

Hoy, infinitas razones penetran mi dolor al golpear mi rostro
      la noticia.
He sabido que ciertos verdugos han intentado la desgracia
      contigo.
Que te han apartado de la luz creyendo que eso te borraría el
      conocimiento.
Que se empeñan en no escuchar tu voz tratando de
      enmudecerte.

Además, me dijeron que han sugerido seriamente cortar de
raíz tus alas.
Qué furia y coraje saber los motivos: te han visto pequeña y
eres mujer.
Pena por aquellos infelices, por sus cegueras sus ignorancias
y sus ausencias de alma.

Eugenia Toledo Renner
Chile

***

El ático

Furia invadió la casa. No pude huir.
Tus manotazos se me vinieron encima.
Los golpes me dejaron inertes.
Me apretaste la garganta.
No puedo respirar.
¿Fueron esas las palabras que balbuceé?

El ático donde yazgo muerta cruje
con el viento que ruge desde afuera.
Seré solo un esqueleto de mi casa barco
en el mar violento innavegable.
¿Cuándo vendrá alguien y tocará a la puerta?
¿Cuándo subirán las escaleras buscándome?
¿Qué le diré al silencio, al frío de la tierra,
a mis hijas, también a mi madre y a mis colegas?
¿Les diré que veo mi cuerpo, mi cabeza abierta,
mis manos amarradas, soy muñeca desmembrada en un
rincón?
Cuento cuencas mientras espero que alguien venga.
¡Quiero oír mi nombre una vez más!
¡Viviana!

***

No me digan

Que los arbustos entre los que te quemaron
Josefina / no existen ya / que los cortaron de raíz.

100

No me digan,
que van a remodelar el departamento en Temuco
donde te vejaron y asesinaron / Erica Hagan.
No me digan,
que sacaron el nombre de las calles, en la esquina,
donde te sacó los ojos / en Coyhaique.
No me digan,
que siguen arrendando en Pucón
la cabaña donde Pradenas violó / a nuestra Antonia.
No me digan,
"Isabel / estaba acostumbrada a la agresión"
que la buscaba y por ello le dieron un hachazo.
No me digan / porque se me va el decir, diciendo:
En Chile se ha marchitado la Justicia para las mujeres
y las compuertas de esta presa, no se pueden abrir.
Ni siquiera se me permite recordar tu nombre
ni escribirlo, porque no soportan en mi país
la violencia.

***

Orfandad

Yo, corazón de niña,
que olía a fruta fresca bajo el cerezo en flor,
preferí el olvido, aunque la imagen quedó.
Me tendiste en la yerba y subiste mi vestido azul.
Pasabas tu verga por mis piernas,
apretada contra el suelo, palpitaba de susto
bajo la pérfida mirada.
No se me quebró la vida, mi padre llegó
y me llevó a casa de la mano en silencio.
Nunca se dijo nada.
Elegí el silencio de la vergüenza
en el contexto de lo sumergido,
buscando mi voz en lo que no sabía qué.

Fatemeh Ekhtesari

Noruega / Irán

***

Ella no es mujer

Ella no es mujer, es escarlata mustio
es silencio que grita
es pena serena, un "¡Oh, quisiera!"
en el zumbido del yo consciente

Ella no es mujer, ni hombre, es algo raro
es una esperanza atada de pies y manos
es piedras duras en bolsillos profundos
alguien que cayó del cielo por la noche

Ella no es ella-él, su género es viento
es un verbo entre "levantar" y "derrumbar"
es genio liberado de una lámpara muy frotada
atrapado en un pozo profundo y oscuro

Ella cruzó las fronteras del cuerpo
destrozó el concepto del "ser"
desconectó la sombra femenina
de un "yo" consumido por sí mismo

Ella no es forastera, pertenece a esta tierra
no es duda firme sino sólida certeza
es una mina que se esconde de los pies que pasean
en medio de una calle concurrida

Ella es el salto en el fin del mundo
es un volcán en el fondo del mar
una fosa común solitaria
ella es un poema —un suspiro.

Tomado de *She Is Not Woman* (publicado en noviembre 2022 en persa y noruego). Traducción del persa al noruego por Mohammad M. Izadi; del noruego al inglés por Johanne Fronth-Nygren. Traducción del inglés por Patricia Schaefer Röder.

Esmeralda García

México

***

Cruz rosa

Una de tantas madres de Cd. Juárez
clama mi nombre,
no me canso de gritarle:
¡Aquí estoy!
Pero solo hay ecos vacíos.

Después de la interminable agonía
en un campo algodonero de Chihuahua
duermo eternamente,
y no soy la única.

He visto mi nombre
en una cruz pintada de rosa,
último recuerdo permanente
de mi existencia.

Y me pregunto incansablemente
¿Por qué yo?
Vivir su angustia
sentir su muerte
que es la mía también.

"Ni una menos, ni una sola".

***

De qué mueren

¿De qué mueren?
Las mujeres abandonadas,
las que han librado batallas
sin descanso,
las que lloran a solas,
las responsables asignadas
que despiertan cada mañana
para hacer lo que no quieren,
las valientes que toman la estafeta
para emprender una carrera
que no tiene meta.

¿De qué mueren?
Las que aprendieron a callar,
después de ahogar
los abusos sobre su persona,
las que perdieron la fe ante promesas
que se convirtieron en utopías,
las que despertaron en tinieblas
en un camino desconocido,
las que dan traspiés
y van a ciegas por la vida.

¿Cómo mueren?
las solitarias
las amordazadas
las incansables
las utilizadas
las desilusionadas.

Las valientes.

***

FEMINICIDIO

Feliz es vivir,
despiertas y sonríes
al amanecer.

Eres la mujer
que siembra el amor puro
día por día.

Madre y la hija
construyen sueños propios
paso con paso.

Incautas salen
a sus diarias rutinas
tan optimistas.

No regresaste
indagan tu destino.
¡Desesperación!

Insomnio diario
silencio y cruel angustia
con esperanza.

Cuerpo sin vida
anuncia noticiero
fin de la espera.

Ilusamente
quebraron ilusiones
sin escrúpulos.

Dolor y muerte.
¿Quién juega con el alma
de la inocente?

Innumerables
los nombres de mujeres
asesinadas.

¡Ojalá mueras!
Hombre que a hierro mata...
Feminicida.

Publicado en *Di lo que quieres decir 2021*.

Gabriela Ladrón de Guevara

México

***

Mujer

Viento de fuego con sal y hielo
metal de sangre en el mar embravecido
sutil presencia de movimiento diario
imprescindible maestra científica hechicera.

Sabia intuitiva revisas juicios y sentencias
narradora de sueños que bebe la vida
conocedora del sino y profeta del paraíso
risa alegre sinvergüenza sarcástica culta.

Deseo tu triunfo tu carcajada
que nada nuble tu mundo independiente
que analices y dispongas si amas o lloras
grita libre llama violeta haz lo que decidas.

Prendo una vela por tu seguridad
ruego porque regreses completa a casa
pido que la violencia no te toque
me duele saberte vulnerable.

Hablo por nuestras hermanas ausentes
por quienes no tienen voz
por quienes son sometidas
por las olvidadas por ti y por mí.

Sol brillante de papel y tinta
palabras de hierro con agua
relámpago que rebasa el cielo
eternidad moviéndose en esperanza.

***

Amor y obligación

No tienes opción es tu deber
como mujer como hija como dama
no importa que tengas hermanos varones
tu obligación es cuidar de tus mayores
no tienes vida no tienes alma
tu identidad depende de tu rol
eres quien eres por cómo te reflejas
no tienes valor al no ser madre
no sabes de amor si no eres madre
no eres mujer si no eres madre.

Me rebelo ante ese destino
soy quien soy por mí misma
mi identidad es mía sólo mía
no depende no nace no vive
ni de roles ni de idea ni de castas
no soy esposa ni madre
soy Gabriela fuerza del mismo Dios
me pertenezco y decido compartirme
por amor por esperanza
no por obligación menos por celo.

Me tengo me amo me conozco
vivo para mí honro a las mujeres de mi sangre
mas no riego con sangre mi camino
mucho hemos andado como hermanas
para dejarlas caer en el abismo
decido reflexiono cuido mis ideas
valiosa libertad trabajo justo esfuerzo diario
apoyo a otros a encontrarse
respeto sus andares, no son míos
me rebelo soy yo misma
madre única de mi destino.

***

Mujer de pie

Con el corazón destrozado
encuentras valor
proteges tu linaje
compartes sabiduría
creces en el arte
sanas heridas
curación compartida
orígenes fuertes
orgullosa identidad
leal cobijas
alimentas cantos
alma libre
entiendes y sueñas

Sutil violeta
floreces al alba
maestra de vida
conoces y creas
universos completos
a ciegos llevas luz
perdonas sin olvidar
eres el resultado de tu camino
madre de pueblos
constructora de legados
narradora de historias
despiertas libre
vuelas ligera

Sandra Nía Rodríguez

Puerto Rico

***

Secuelas

Vuela enmariposada
la esperanza
adherida a mi dedo índice

Abro la puerta

Empuja mi cabeza dentro del horno
Observan desde afuera
No quiero que vean

Me defiendo

No por mí
Es que están mirando

Eventos inexistentes
Infiltrando hasta los sueños

La violencia deja secuelas

***

Nupcias post mortem

I
Promesa con anillo solitario de un quilate
en platino con diamante

111

en corte de Princesa
Dos diamantes laterales.
Idénticas las dos alianzas en platino
Incrustadas en diamantes.

II
En papel seda y letras de oro
Declaramos ante todos nuestro amor
Te invitamos que celebres con nosotros
Ante Dios y ante la vida nuestra unión.

III
Nuevo era el traje blanco tan soñado
De encajes de *Chantilly y Valencienne*
Viejas las perlas cultivadas de la tía
Azules las puntillas de la liga.
Blancas zapatillas de *Chamois*
Prestada la mantilla española de la abuela
Fragante el ramo de gardenias y nomeolvides.

IV
Poblada de avemarías la iglesia efervescente
Familiares que al olor de incienso y rosas,
desfilaron anegados de alegría
junto a amigos, compañeros y allegados
Un cura amigo sonriente en el altar
guiñaba por el sol entrometido
que se colaba por los ojos de vitral de Jesús Dios.

V
Capias blancas en crochet
Tejidas por la otra abuela
conformaban abanicos y flores de pétalos pequeños
adornadas con perlas diminutas.

Bizcocho redondo y rosado
Con pisos y escalas
De receta emborrachada
Con licor clandestino y flores azucaradas

VI
A mis treinta y cinco
No me preocuparía más
viviría fuera de pecado y en legitimidad
Logré ser lo que anhelaba.

Señora Señora Señorona.

Respetable y digna
Digna de ser amada.

Alguien me escogió
Ya no era jamona o quedada
Alguien en mí se fijó.

"Din don, din don.
Esas cosas del amor".

VII
"Blanca y radiante va la novia...".

26 de septiembre de 1999, Nueva Jersey.

Punto.

Doce balas.

Punto.

VIII
Se llamaba Gladys Ricart
El día de su boda en su traje de novia
Fue abaleada y muerta por su ex pareja.

Su memoria me hizo recordar
aquel traje blanco que hacía tanto no me servía
que perecía amarillo en una bolsa
en el rincón más profundo de mi clóset
con su velo ajado, rasgado y las flores marchitas
que por alguna razón, después del divorcio, aún no había
botado.

IX
Entonces recordé a quienes marcharon
en trajes de novia denunciando, rememorando
y en cierto modo celebrando a Gladys Ricart.
Pedían justicia
Protección y visibilidad.

X
Pedí en ese momento
traje nuevo de novia para mí
Lo pedí blanco y un poco grande
para acomodar entre ese traje y mi piel
todo lo que se me antoje
Con ojales amplios para sembrar sueños
Encajes, e hilos y espacios vacíos
donde bordar la esperanza
Un ruedo ancho y redondo
para ánimo y resolución
De escote bajo en forma de corazón
para que entre y salga libremente el amor
Transparente con reflejos
que irradien mis destellos hacia el mundo exterior
Lentejuelas y cristales
para que alumbren
si mi llama se escapase
Liviano y relajado
pues me causan picor los trajes apretados

Que fluya con la brisa y que baile con el sol
y ondee como bandera si tocan mi canción.

XI
Seré novia nuevamente
Me desposaré a mí misma una y otra vez
Profesaré votos de amor y de respeto
fidelidad, lealtad,
de pasión y de lujuria
Para serme y hacerme yo la más amada.

Siempre mi primera prioridad.

Redundancia intencional.

XII
Seré mi novia eterna
Y con la práctica aprenderé que amar en pareja no es
completarme
Es compartirme   No es dividirme   Ni renunciarme
Dando sin agotar, recibiendo sin depender
Agradecida del regalo de amor
Vestida en mi traje de amor
Desposada y lista
Para enamorarme y enamorarme
Libremente en el amor.

***

Huelga poética inconclusa

La poesía está de huelga, está de luto.
Pausa la lírica mortuoria, camino abajo.
Va sin rosarios y va sin cantos,
sin letanías, y va sin llanto
con la metáfora apretujada

115

deseosa de salir pero callada.
Cosida con ira, teñida con saña,
anhelante de quebrar el vacío,
abrir la vida.
Que ni una más en esa lista
de nombres propios, secos, sin pistas
siga sumando
con alertas rosas que nadie entiende
cómo estas cosas siguen pasando
y tantas familias siguen llorando
y aún no podemos hacer un cambio.
Esperando
por leyes y por reformas
que no nos salvan ni nos transforman.
Yo sin respuestas sigo quedando
con mi poesía a brazos caídos
pero buscando, sigo buscando
voces y manos hasta lograr
que nuestras niñas
nuestras mujeres
vivan seguras.
Y este poema me queda cojo
se queda cojo
sin terminar.

Fran Nore

Colombia

***

Canto de la niña mujer de la mujer niña

Si la niña fuera lechuza
Su vuelo premoniza travesuras
Si fuera luna
todo lo atrapa con su fulgor
Hasta lo lejano e inalcanzable
Su esencia es ser niña
niña mujer
su canto de lucha expele
para defenderse del mundo que la aprisiona
ante el acoso del hombre
su grito es la fuente
para los sedientos
La niña mujer
La mujer niña
Es abrazo del encuentro más sincero
Defiende los afectos
Envalentona las ideas cual opio
que droga las conciencias
La mujer niña es niña defensora
Mujer intrépida
Rebelión

Daniel Maximin

Francia / Guadalupe

***

Preparativos

Mujer
entre las mujeres humana
con sabor de deseos de limonada
de bizcocho compartido y chocolate amargo
mujer con varias voces
de boca y de silencio de pupila de perfume
mírate sin espejo en el corazón de tu fuego

Mujer entre las mujeres humana
no hagas que se mude la esperanza hacia un infierno
azucarado
el refugio fácil de los sueños de al lado

Si tú existes vuelve a tu búsqueda
tú sabes despertar aún sin haber dormido
anima a tu piel a que salve sus colores
deja pasar
la angustia de las puertas cerradas de las puertas abiertas
los males bien aguantados
deja correr
la ternura sin domicilio fijo sobre las etapas de tu cuerpo
el mar caído del cielo
el sol palanca de sombra para brillar de noche

Mujer
entre las mujeres humana
da a luz a la confianza, hija de la duda y de creencia
y nada se habrá perdido jamás

118

no temas abrir los ojos
para salvarlos del amor muerto
no temas cerrarlos
después que se haya salvado el amor.

Ilsa López-Vallés

Puerto Rico

***

Semilla

Llegaste como tumor maligno a alojarte en mis ovarios
tu cópula despertó mi óvulo durmiente
y le inyectó vida

La noticia dibujó una sonrisa en mi boca
talló *Mamá* en mi corazón
y delineó un futuro de esperanza en mi mente

Tu cuerno fálico y diabólico
penetra mis entrañas para desgarrar
la perla que se enconcha en mi útero

Batallo por su vida y te regalo tu libertad
como leñador furtivo regresas a talar
quieres arrancar el tallo de raíz

Lucho, aruño, grito
tu fuerza me somete
mi vida se desvanece

Catapulta la semilla con mis últimos suspiros
gema preciosa opacada por el engendro paterno
que no la dejó brillar

***

Sentencia matrimonial

El eeeeccccoooo de tu *Sí* ante el altar
hoy retumba en mis oídos como un trueno estruendoso
décadas de decadente unión se susurra en nuestro entorno

Tu matrimonio fue la dádiva estatal al agresor
licencia para manejarte como marioneta de trapo
en dedos misóginos que bailan el vals a su antojo

Tu príncipe grita con voz de supremacía masculina
ahoga tus protestas amordazadas ante la infidelidad
las pasea como modelos en pasarela con espectadores
        pueblerinos

El castillo de humo que construyó contigo
hoy se desvanece ante tus ojos.
Palpas y solo hallas la ceguera que empañó tus ilusiones

El velo de tul que cubrió tus ojos de novia
es tela de araña venenosa que atrapó tu felicidad
el beso del altar fue el sello que dictó tu sentencia

Te condenaron a diez años de incesante agonía
paseos de insultos, vacaciones de hiel y abrazos de moretones
cenas celopáticas, desayunos revueltos y postres amargos

Colapsan las paredes del castillo
tu bagaje repleto de basura a punto de estallar.
Escápate del derrumbe y recoge tus escombros

Construye nuevos cimientos con los residuos
resurge fortificada en tu fortín
donde nadie pueda derribar tu paz

***

121

Voz del asesino

Me gusta esa chica
se llama Mary
quiero poseerla
ella se niega

No le gusto
deja que se encuentre sola
zarpo como león escondido
la devoro, la saboreo y después me la como
sin dejar rastros

Ahí va Rosa
esa sí sale conmigo
le controlo las salidas
aún no me da el sí

Es cuestión de tiempo
caerá en mis garras
no quiere salir más conmigo
quiere su libertad

Como depredador la acecho
la sigo por todas partes sigilosamente
hallo mi oportunidad
brinco como felino diestro y la sorprendo por la espalda

Cuchillo en mano, le hundo la navaja en el cuello
de paso, le estasajo la cara
su belleza es para mí nada más
huyo del lugar dejándola ahogar en un mar rojizo

Ahí va la americanita que me tiene loco
fingiré paciencia
hace meses dejó a su novio
dice no estar lista, pero aquí voy yo

Se llama Haley
acepta mi invitación
es mi amiga
pero sale también con su ex
dice que todos somos amigos

¡Qué caramba! Ella es mía nada más
ese otro tipo pal' cará
la enamoro, la celo, la sigo
no quiere más
dice que está muy joven y no quiere formalizar

Finjo acceder y la invito a pasar
una vez en la jaula
dejo la gargantilla de mis dedos en su piel
yace sin vida en la cama

Huyo del lugar
ahora veo la mejicanita
¡Uyyy, qué chula está!
Esta está jovencita
pero qué más da

De ella sufro de puro rechazo nomás
la llaman Marbella por ser un océano de hermosura
me transformo en león y me escondo en su casa
llega del colegio y me abalanzo contra ella
la amarro, la violo y le desgarro profundamente la piel
me escapo ileso

Paso por una escuela
la quinceañera Isabel está muy linda
soy locutor ahora, no me puede rechazar
¿Que qué? Ay, no. A esta sí que la voy a destrozar
dice que no quiere nada conmigo y me ha mandado a volar
al terminar está irreconocible en el funeral.

Me multiplico y viajo por el mundo
dejando huellas imborrables manchadas de sangre
vago como vampiro sediento
asumiendo distintas nacionalidades
reaparezco en todos los tiempos porque soy inmortal.

Márcia Batista Ramos

Bolivia / Brasil

***

Canto a las víctimas de feminicidio

¡Mujeres y niñas, asesinadas
que amplifican las listas de los horrores,
suyos son mis versos y mi voz,
suyas son las esperanzas de un mundo de amores!

Ya sus espíritus están en otra dimensión;
ya sus cuerpos pararon de sufrir tantas torturas,
en manos de un vil psicópata.
Dejando apenas la certeza de la injusticia.

Es una vergüenza, para toda la humanidad,
que existan hombres tan cobardes,
que, por su torpeza y brutalidad,
quiten las vidas femeninas y hagan alarde.

El mundo en que vivimos es totalmente injusto,
a hurtadillas, las niñas son comercializadas
y todos saben, a viva voz,
que miles de mujeres son esclavizadas.

El placer para los machos no tiene límites,
por eso, mis bellas, sus cuerpos fueron sacrificados.
Y no existe hoguera que los queme,
porque hipócritamente,
el mundo se cree civilizado.

¡Mujeres y niñas benditas! Ramilletes de flores,
estrellas brillantes, déjame que su nombre cante
mientras educamos a los hombres para un mundo mejor.

125

Graciela Pucci

Argentina

***

En el límite

Me desangro en agonía
        —muerte cotidiana—
    sin brazos   ni manos
        sólo gélidos recuerdos

¿quién soy?   ¿quién fui?
¿una mentira piadosa?
¿sombra para ese sol desgarrador?
                tal vez

    quiero
            desandar caminos pedregosos
            caminar sobre la hierba
                    y creer
            volver a creer que soy alguien

debí morir aquel día
        pero nací
            y hoy
que ya no hay senderos
        me desangro

mi sangre será bálsamo
    —augurio de nueva vida—
esos brazos y esas manos
        se unirán

a borde de piel y amor antiguo
(lejos de mi cuerpo) te reencontraré
                serás montaña
                        yo cenizas
                me esparciré en el aire

    con la alquimia del viento
                precipitaré
            —pisaré la hierba verde—

las piedras   serán mi ofrenda
                para vos
        montaña de papel
                        tropezarás con ellas
                                    caerás

                te rescataré
sin piedras   ni cenizas
                        piel a piel
                                    para siempre
                                    (tal vez)

                        ***

Otro destino

Tras el fuego
            una opacidad de tinieblas
                            me cubre
acuarelas marchitas
            vuelan hacia la mujer que ya no soy
                        desprenden humedades olvidadas
                                y busco entre misterios

                            no encuentro

                    desde la cornisa de mis párpados
                    una lágrima se suicida
                        sus gemelas huyen al interior del alma
                            extinguen soledades
                                        angustias
                                            dolor
Afloran antiguas sonrisas
                    estallan y escapan

No temas mujer
            dicen otros labios en mi boca
                    quiero gritar
                            exorcizar dilemas gestados en sombras
                                me silencio
no soy yo
        el fuego me llevó a otro destino
            vivo en aguas de un canal turbulento
                corrientes adversas desuellan caricias

                                        transmuto

soy sólo huesos   que el fuego abrasa
—vuelo de cenizas hacia el río embravecido—

un cortejo de olas acompaña el sepelio
                            acudo
                                    y muero sin mí.

                        ***

Aullido necesario

Esa boca que no calla
renueva cadáveres en la piel
le ruego que enmudezca

que vuelva a dormirse en el olvido necesario
                    no quiere
rebelde en su decir
                    desprende dolorosos recuerdos

manos de piedra trepan a mis oídos
    y la impúdica boca   no calla

me niego a escucharla
busco el silencio en una mirada
            ojos cobardes   escapan hacia los de antaño
                    protectores   y amados

                    ciega
regreso a mi refugio de algodón mojado
(útero ancestral que me han impuesto)
                me incomoda
                    huyo

la acuática esencia
me lleva a profundidades sólo mías
                encuentro alas
                    vuelo

¡impúdica boca   ya no te temo!
¡ojos cobardes   ya no los miro!
        —pronuncio desde la altura—

        detengo el vuelo

    mi boca   se desangra
        la escucho
            —me escucho—
labios despiertos esparcen realidades

129

los que están fuera de mí   no quieren oírlas
—espejo de almas   en el que no me reflejo—
          giro

dejo mi espalda alada
                    en el hueco de una sorpresa

la impúdica boca
          y los ojos cobardes
      se repliegan
     no los necesito

rescato el aullido primigenio
              que yace en mí
y sobremuero cada instante
            para renacer conmigo

Isabel Furini

Brasil

***

Una fotografía sobre el túmulo

la fotografía con la boca torcida
hablaba y hablaba
escupía recuerdos de la infancia
hablaba y hablaba
repetía su triste historia
como si fuese una avemaría
afirmaba que en un día de verano
un muñeco de madera
con ojos saltones, boca lasciva,
sin corazón, pero con un pene enorme
gritaba: no te respeto porque la mujer
tiene pecho de puerca
y es solo apretarle las tuercas
para escucharla gritar
no te respeto, pero no es preconcepto
es justicia secular
mujer es como paño de piso
solamente sirve para limpiar

después las sombras entre las muñecas
y entre las sombras la terrible carcajada
fue asesinada al comienzo de la pandemia
pero todavía recuerda la sangre
y el dolor de las cuchilladas.

Nery Santos

Estados Unidos / Venezuela

***

Despertando

Las ideas y los proyectos nacieron en el río
mientras lavábamos sus ropas sucias.
Tan pronto nos escucharon,
nuestros cuerpos se fueron flotando río abajo,
demudados y mutilados.
Serpenteando sin conocimiento
para que los vieran con espanto otras mujeres.
Y nacimos de nuevo.
Y bajo el almendro conspiramos,
iluminadas solo con la luna llena,
cantamos desnudas,
hasta que nos ataron a esos árboles e hicieron hogueras.
Asegurándose que las cenizas de nuestras afiladas lenguas
llegaran a otros pueblos.
Y volvimos a nacer.
Escribimos y escondimos nuestros nombres en seudónimos
y repartimos nuestra revolución como semillas.
Pero nos descubrieron y nos pisotearon.
Enterraron nuestras caras con los ojos recién abiertos.
Una y otra vez volvimos.
De la humillación sacábamos garras y nos colgábamos de la
esperanza.
Nos amarraron para parir y dibujaron como querían nuestros
cuerpos.
Los modelaron a latigazos.
Hasta que lograron que cometiéramos autoflagelación.
Nos amordazaron y dijeron que éramos débiles.

132

Muchas lo creyeron y se atrofiaron.
Y a las que nos atrevimos, nos empujaron a los abismos.
Pero renacimos.
Y con las mordazas anudadas,
hicimos una cuerda para rescatar a las de abajo,
y de las semillas pisoteadas brotaron ideas y revoluciones.
Y de los ojos llenos de tierra nos alcanzaron poderosas
visiones.
De nuestras lágrimas se llenaron los ríos,
por los que ya no pasan mujeres picoteadas de zamuros.
Y firmamos nuestros libros,
navegamos en nuestros barcos recién construidos,
llenamos las aulas y las urnas electorales.
Apagamos las hogueras.
Defendimos los derechos y renacimos.
Mujeres de muchas vidas con lenguas afiladas.
Vestidas de cenizas, abriendo los ojos corriente abajo.
Despertando.

***

El pájaro sobre la rama

Cantas a la vida
a pesar de todo.
Cantas mientras lavas,
cantas mientras tejes.

Cantas mientras aras
tu poca fortuna.
Cantas unas pocas
canciones de cuna.

El pájaro canta
alegres tonadas.
Posado en la rama
sobre tu ventana.

Y golpea la rama,
y golpea la ventana,
Y golpea la conciencia,
de saberse estropeada.
Y el pájaro calla.
Y en tus labios gotas
mudas y asombradas.

Vuelves a ordenar.
Te pegas los trozos.
Acaricias, besas
cocinas, trabajas,
escribes y plantas.
Pero llueven gritos,
pero llueven males.
La rama se agita
contra tu ventana.

El rayo encandila
los pequeños ojos.
El pájaro ciego
los cristales rotos.

El sol calienta
tu piel aún mojada.
Musitas aún
aquella tonada.
Y el pájaro pía
suave acompasada.

Y viene la brisa
y las nubes truenan
y el pájaro queda
bajo tu ventana.
Tirita sin plumas
su fe derribada.

Te tapas el rostro
te cubres la herida.
Ni cantas, ni miras
sobre la ventana.
Ya no esperas nada.

Pájaro quebrado.
Rama desnudada.

De hormigas se llenan
sus flancos sin alas.
Se llena de hormigas
tu boca mellada.
Hormigas devoran
la canción de cuna.
Hormigas pululan
su pico enjaulado.
Hormigas se llevan
tu cuerpo callado.

***

La violencia del desamor

¿Pueden los silencios golpear?
¿Puede el ignorarla insultar?
¿Puede el vacío matar?

¿Hay violencia en la mirada desviada?
¿Hay disparos en la mentira?
¿Hay gritos dormidos en el medio de la cama?
¿Hay súplica en la caricia rechazada?

Hay heridas que se causan con los dedos ausentes
Hay cicatrices que dejan los abrazos no dados

Hay asfixia en los besos obligados
Hay dolor en las palabras calladas
Hay tristeza en los regalos olvidados.

Nadie sospecha el veneno diario
Nadie calcula el peso cargado
No hay duda en la alianza
Todo lo cubre el voto pronunciado
Enferma el saberse utilizado
Mata el sentirse poco amado.

Aura Tampoa

México / Venezuela

***

G O C E

recibimos disparos a traición
también fuimos violadas
    de espalda
como las bestias

el velo desgarró la mirada
adoramos asesinos
aunque de su cintura colgaban
los dedos de las víctimas
aunque de su cara
caían gotas de sangre
sus palabras
convertían la sangre en néctar

fuimos cegadas por las historias de amor
morimos de una en una
amenazadas por el hielo de sus fauces
añorando el castigo

hoy
libres de pudor
disparan mirándonos a los ojos

que no les confunda nuestro goce
al verlos agonizando
en el charco de su propia destrucción

Silvia Margoth Ruiz Moreno

Guatemala

***

Agresión

Un te quiero
A la orilla del malecón
Y aquel beso robado

El sol, la luna y todo
Prometido
Del cielo bajado

Envidiable tesoro
De nuevo, otro te quiero
Pura ilusión fue todo

Y lo prometido
Olvidado
En la lejanía, la golondrina voló

Y la cruel realidad hizo
Su aterrizaje forzoso
Al asomo

De una agresión
Posesión
Hizo del sosiego y de todo

Llegaron otras súbitamente
Arremetiendo contra la suave piel
Rudamente con toda la hiel

Ese dolor terrible quien lo aguante
Si las almas y cuerpos
Son templos

Por qué se agrede
Al amor sublime
Que se promete

Sollozos
Desasosiego
No hay trasiego

Ahí en el fino rostro
Marcas del horror
Y el inmutable dolor

Ya no hay luna ni sol
Veredas torcidas del amor
Sólo embate, un pavor

De aquel enamorado
Su garbo
Acabó

Hoy, innoble
Total desconocido
Agrediendo

¡Vaya inopia!
Disfrazada de cobardía
¡Toda una ironía!

Obnubilación
Colmándola de indignación
A la dignidad humana

Acción
Alevosa
Hacia una esposa

Carmesíes, áureas
Disculpas de mil flores
Para la dama triste

Reconquistando
Perdón inmerecido
De quien irrumpe despóticamente

¡Vaya inopia!
Disfrazada de cobardía
¡Toda una ironía!

Y aquellas entonces vidas
Dejaron de serlas
Por la ignominia de un fantoche

Santiago Ernesto Müller

Argentina

***

Mi niña

Hay silencio en el hogar
donde mi niña fue muerta.
En silencio, tras su puerta,
ella solía llorar.
Su dolor supo ocultar
muy lejos de mi mirada.
Decía sentirse amada
al hablarme de sus sueños
junto al hogar, con los leños
entibiando la alborada.

Cómo otorgarle el perdón,
a quien se brindó mi niña
si su risa en la campiña
él le robo sin razón.
Desangrado el corazón
suele clamar por venganza.
En Dios pongo la esperanza
de que recoja esa flor
y a quien ella dio su amor
lo juzgue en justa balanza.

***

Almas morenas

Morena nació la niña
morena como su madre
alumbrada por estrellas
bajo una noche serena.

Bajo una noche serena
alumbrada por estrellas
un hombre de tez trigueña
violó a la niña morena.

Lloró en silencio la niña
la niña de tez morena
lo que vieron las estrellas
en esa noche serena.

Aquella niña morena
tuvo una niña trigueña
bajo una noche serena
alumbrada por estrellas.

Teme hoy la niña trigueña
como su madre morena
cuando la noche es serena
y alumbrada por estrellas.

Teme hoy la niña trigueña
como su madre morena
que violen niñas trigueñas
los hombres de almas morenas.

G. Libedinsky

México

***

Natura

La Flor anhela Espinas,
no más perfumes ni fragancias
que nos roben los suspiros.

La Flor anhela Espinas
que desangren a la Noche,
buscan protegerse de Tinieblas.

Y a su lado lloran Nubes
cantan Lagos y Arrecifes,
dulce Madre, dales fuerza.

Pues el Hombre aún las roba,
él toma a sus hermanas en castigo.

¡Fieras Rosas, den apoyo!
¡Obscuros Soles, iluminen!

No más Pétalos perdidos
tras la Noche del Insomnio,
la impotencia o la desdicha.

***

Manifiesto

Hay un llanto aquí en mi pecho,
¿es acaso esto el tormento?

¿Por qué se fueron ya las flores
a los campos siempre eternos?
Volaré ya sin demora
suponiendo un llanto fiero
que devuelva mis colores.

Sin embargo, aquí en mis Noches,
más obscuras que el Invierno,
se marchitan ya las Rosas
con los fuegos del Infierno.

No se callen, dulces Voces,
alcen alto Corazones,
vivan siempre aquí en mis ojos
y sus sueños nunca roben
la impotencia o la desdicha
por callar yo su caída...

***

Que los cielos me perdonen

Se han llevado a mis hermanas
a los campos de Amapolas,
¿dónde están ya sus sonrisas
que despuntan en el Alba?

Dulces Niñas de mil horas
que sus ojos han cegado,
ya no lloren, ya no teman,
ya vendrán mil Fragancias.

Mas en Tierra lloran Madres
por sus Ángeles que vuelan
con sus alas Mariposas.

¿Qué diré yo ya a los Dioses
si he obviado su partida?
Que los Cielos me perdonen
por callar yo su caída...

Orlando Fernández Donates

Estado Unidos

***

Contorno herido

Ella se desploma al recibir un disparo en el pecho.
La sangre se desparrama en la cándida piel, y el sonido del
revólver ha alborotado a los pájaros que vuelan y le cantan al
amanecer untado de pólvora.
El corazón de la mujer ha dejado de palpitar.
Él llora, confiesa haberla amado, sin más valor que el dulce
deseo de poseerla y marcar con sus uñas ese cuerpo arrojado
a la intemperie, tieso y morado de pánico.
Él, llora; ante la muerte, llora, empujado por sus miedos que
lo acusan de homicida.
Entonces, se extirpa la vida (maquillada), de demencia
melancólica,
y los dos quedan, bajo el cielo, sin respuestas, sin abrigos
humanos y sin el sonido expandido por la naturaleza.

***

Trata de mujeres

Le arranca el rosario del pecho.
La mujer sabe que se avecina la muerte,
esgrimida por manos que ostentan la ley del
dinero y la violencia.
La brutalidad del espanto le ensucia cada
rincón íntimo, le ultrajan con frases impuras y
le vomitan el verde sudor del poseído alacrán,   .
que envenena su existencia.

146

Ella sabe que se avecina la muerte, como
tantas de ellas, traficadas como pieles en un
mercado, donde se imponen la vida sepulcral,
la descomposición del espíritu y las trazas
hirientes en el alma, a la espera de huirle a la
muerte, al contubernio matizado por
hombres, negados al destello femenino, en el
glosario de las diosas, que ahuyentan a sus
verdugos.

***

Callar rodeada de paredes silentes

Puede ocurrir en un país, o puede suceder
        en varios países a la vez.
Una muchacha permanece callada, mientras
        limpia
las vajillas destinadas a un supuesto
matrimonio.

En verdad, ella permanece en el limbo, su
        rostro
y su hombro derecho resisten el dolor,
causados por los golpes de quien come
tranquilamente,
y ha impuesto el orden, el terror, a lo que él
considera
        su reliquia guerrera.

Ella apenas ha cumplido quince años, no
        entiende
        nada de la vida y mucho menos del
        destino,
        para soportar, el deterioro de callar.

Silvia Alicia Balbuena

Argentina

***

En flor

Lucía navega entre aromas
de magnolias en flor.

Uno... dos... tres... pongo los cubitos
en el Martini del triunfador. En tanga
pavonea sus músculos en el solárium
buscando su presa que en la habitación
gemirá de dolor.

Lucía, mi niña, llega desde España
a ayudarnos en el resort.

Uno... dos... tres... deslizo cubitos
en el cóctel del exitoso emprendedor.
Solo soy un sirviente espectador
viendo cómo posa su mirada vidriosa
de felino en celo
en el cuerpo de mi niña, puro candor.
Pronto en sus garras será lucha
gemido grito estertor.

Uno... dos... tres... caen los cubitos
en la copa preparada con cianuro
del asesino violador.
Su cuerpo flotará en el agua
como el alma de mi Lucía flota
junto a la lápida en flor.

***

Alrededor del fuego

Mujer...
Aunque tu copa sea arrebatada para la pasión,
tu vasija para el espasmo,
tu continente para la lujuria.
Aunque te ninguneen, te chantajeen,
te desprestigien.
Critiquen tu desnudez, tu ropa ajustada,
tus labios pintados.
Aunque te gesten hijos sin tu consentimiento,
te obliguen a parir uno tras otro niños no deseados.
Aunque te esclavicen,
te encierren en una casa, una choza o una mansión,
te revuelquen en el barro
o en prostíbulos seas mercancía.
Aunque te golpeen, te invisibilicen, te maltraten,
te oculten.
Te vigilen, te celen.
Te apedreen, te lapiden.
Escondan tu cuerpo en largas túnicas
y en *burkas* tu cara.
Aunque practiquen una ablación a tu clítoris
y te callen la voz.
Aunque te acosen, te manoseen, te violen,
te maten.
Te quemen, te descuarticen, te entierren.

¡Mujer!
El fuego está vivo.
Universal.
Atemporal.

Unámonos alrededor del fuego.
Enlacemos nuestras manos.
Trencemos nuestros cabellos.

Alcemos nuestra voz:
"Libres y vivas nos queremos".
Susurremos nuestro rezo:
"Ni una menos".

***

Saber mirar, no callar

Tu vientre de nueve lunas
te provocaba
una mirada sin chispas
y una sonrisa forzada.
Y no lo vimos.

En tu regazo
la beba recién nacida lloraba
y junto a ella
lágrimas tuyas escapaban.
Y no lo advertimos.

En un almuerzo
mientras amamantabas
un grito destemplado de Lucho
por las milanesas pasadas
prendió mis alertas.
Y me quedé callada.

Tu cuerpo
que recién había parido
quedaba regordete
en la ropa de fiesta prestada.
Y mientras yo te cuidaba la beba
él tu gordura reprochaba.
Pero, ahijada del alma,
seguí callada.

Hasta que apareció el moretón
y se encendieron las alarmas.
Todo fue grito, dolor,
insultos, amenazas,
cayeron las caretas
y las mentiras guardadas.

Hoy peleas sola la vida
con tu nena y tú salvadas
por una familia que supo ver
la violencia solapada.

Annette Marrero Vázquez

Puerto Rico

***

Final

¿Por qué me hieres?
Pretendiendo que no siento.
Que sólo existo
para satisfacer tus deseos,
como muñeca de trapo,
manipulada en tus manos.
¿Es que no puedes admirar
la belleza que Dios talló en mí?
En el Génesis,
de una costilla dos cuerpos.

¿Por qué me castigas?
Ansiando morder la manzana,
violentando mi sexo.
Por qué escoges ser serpiente
y no un cielo azul
donde vuelen mis sueños.
Qué culpa tengo yo de ser mariposa.
Qué culpa, de ser fragilidad,
belleza encarnada, de ser diseñada
para amoldarme a tu cuerpo.
Qué culpa tengo yo,
de provocar una fiesta de cohetes
que te haga estallar y revolcarte de deseo.

¿Cuándo dejaste de soñar?
Con molinos de viento,

152

con ser un Quijote,
el caballero de mi cuento.

¿Cuándo aprendiste
que la vida es una selva?
Que como fiera salvaje
me devoras
me arrancas la vida,
desgarras
mis más íntimos secretos.
¿Jamás sentiste en tus labios
el dulce pecho,
el calor de una mujer
que te arrulló en sus brazos?
¿Olvidaste los nueve meses
que viviste oculto
en ese cosmos perfecto?
Acaso ser semejante a ella,
no me hace merecer tu respeto.
¿Por qué me odias?
Si con sólo una mirada de amor,
me enamoras.
Con un dulce beso,
me despiertas a la vida.
Con una palabra dulce,
conquistas mi corazón.
Ser el rey de mis noches,
degustar con libertad mi esencia,
sumergirte en la pasión,
de un amor correspondido.

¿Por qué no me valoras?
Si para ti no soy nada
soy bendición
un regalo divino
para un ser especial,

ese que me ame tal cual soy,
que se enamore de mi alma
que quiera envejecer conmigo
que comparta el espacio que respiro
me dé aliento cuando me falte el mío,
ese que al amarme
baile conmigo
sin prisa transite por mi cuerpo
se refleje en el brillo de mis ojos
en silencio le hable a mi corazón.
Ese hombre que me atesore,
que sólo sueñe conmigo.

¿Por qué me matas?
No me lastimes.
¿Qué culpa tengo yo?
De ser mujer.

Mariela Cruz

Puerto Rico

***

Cuento de hadas

El mundo se achica, su alma se expande,
tropel de luciérnagas invaden su espacio.
Soñó alguna vez con grandes palacios,
con hadas madrinas y príncipes bellos.

Ilusiones rotas en castillos viejos.
Inocente niña de morena piel y rizado pelo.
Su sed por amar destrozó sus alas,
marchitó su esencia, dejó de soñar.

La niña mujer oculta su pena
entre trastos y ritos de vanas quimeras.
Se rompió el hechizo, se cayó la venda.
En la eterna noche acepta callada sin ruidos o quejas.

Ese fue el legado que asumió en la vida,
costumbres, cultura, machismo, ignorancia.
Asumiendo, acatando, callando, cohibida,
su príncipe amado, era un espejismo.

Triste la princesa cerró su castillo.
Las hadas marcharon, se esfumó la magia.
Curó sus heridas, sacudió su falda,
se aferró a la vida, descubrió el camino.

***

La culpa es de nadie

Tenue lluvia se agolpa en mis mejillas
memorias de pasadas tempestades.
Retazos de vivencias, historias desmembradas,
despiertan cicatrices que ahora sangran.

Quisiera que mi ser no hubiera sido
testigo y víctima de poder y de control.
Ventaja que utilizan los cobardes,
alimañas que no tienen corazón.

Perdida ya mi esencia, se transforma
hoja seca atrapada en la enrejada.
Laberinto de dolor, ya no hay salida.
Mi mente en oscura encrucijada.

¡Qué triste es morir estando viva!
El vivir en completa oscuridad.
Es vagar en tinieblas sin salida,
aferrada a una falsa realidad.

Silencio de mártir tu destino,
en un mundo insensible a tu dolor.
Todos escucharon los quejidos,
¿la culpa es de nadie? Ya todo acabó.

Alina Canosa Delgado

España

***

Refugiarse

Cuando disputan los poderes,
¿cómo escapamos?

¿Quién recuerda a las familias
que siembran ombligos en el barro?

Hablo con mi amiga que salió huyendo
de las mordidas de la guerra
y fuera bienvenida a refugiarse.
Ella conjuga sus versos
para curar las sangres
o las balas.

Y yo me sobrecojo
de sus arenas movedizas
y siento el dolor que coquetea
bajo su vientre frágil.

***

Dron lírico

Cuando no volaba la Ironía
había milicias buscando el Dron.

Alguien quiso hacer lirismo
con las niñas maltratadas

eo.

entan

s.

***

del alfiler

...*Dicen que sangra la luna...*
Luis E. Aute

PRIMER ACTO

el tirano no renuncia
clava su alfiler
en un Monólogo sin pausa

ella esconde el ala
cae

al fondo
aquellos lobos aplauden

INTERMEDIO

los pasillos vociferan
o
se enquistan las palabras

SEGUNDO ACTO

el Monólogo hace cumbre
mientras muere la Montaña

FIN DEL ACTO

se amargan las luces.
al fondo aquellos lobos aplauden
¿¿¿MAÑANA MÁS???

Emilio Gómez

España

***

Rompiendo cadenas

> _Sueña lo que te atrevas a soñar._
> _Ve donde quieras ir. Sé lo que quieras ser._
> _¡Vive!_
> Richard Bach

Insulso amanecer
bajo su techo,
su quebrado corazón
de frío tormento,
de sonrisa frágil
y maltratado cuerpo.

Con cabizbaja mirada
asomada al miedo
llora su alma,
muere por dentro.

Esclava, centinela
de parásito hambriento,
con pesada armadura
carga su paso lento,
una voz que grita
enerva sus adentros.

Los días mueren despacio,
las horas pesan,
cerrojos que cierran

vulneran sus sueños,
los espejos desafiantes
ya no muestran su reflejo.

Rota pero recompuesta
busca consuelo,
pájaro que vuelas libre
lleva mis plegarias al cielo.

Cueste lo que cueste
la libertad no es moneda
ser libre es lo primero.

Vivir, sentir, amar,
secar océanos de lamento,
romper grilletes y cadenas
gritar al mundo
¡soy libre, no tengo dueño!

Marcela Beatriz Viotti

Argentina

***

Violencia vicaria

Te quitaré lo que más quieres,
ya verás lo que pasa,
piénsalo, amenazaste.
No lo dimensioné.

El golpe fue irreversible,
no como los anteriores.
Se me dañó el alma toda,
esa era tu intención.

Los malos tratos conyugales
que decidieron separarme
no fueron tan certeros
como tu último acto.

Ese nexo de concausalidad,
cuyo fin fue destruirme
dejó de ser advertencia
para convertirse en real.

Nada puede resarcir el dolor,
nada hará retornar a mi hija.
Nada hará retornar a tu hija,
asesinada por tus manos.

***

Criminal y sistematizado

Chinas,
niñas indígenas de ojos rasgados.
Violentadas por colonizadores españoles
antes.
Ahora por criollos del norte argentino.

Chineo,
práctica heredada de la conquista.
Perpetrada por colonizadores españoles
antes.
Ahora por criollos del norte argentino.

Chinear,
ir a violar o andar de chinas.
Atropello por colonizadores españoles
antes.
Ahora por criollos del norte argentino.

Chinas,
Muchachas de los pueblos originarios.
Vulneradas por colonizadores españoles
antes.
Ahora por criollos del norte argentino.

Chineo,
violación sexual que no ha terminado.
Comenzada por colonizadores españoles
antes.
Ahora por criollos del norte argentino.

Chinear,
praxis que ocurre desde hace siglos.
Profanación por colonizadores españoles
antes.
Ahora por criollos del norte argentino.

***

Víctima del patriarcado

María yace de espaldas en el suelo,
muerta.
El charco de su propia sangre,
debajo.

María cumplió mandatos patriarcales,
siempre.
Toda su vida conyugal recibió golpes,
aniquilada.

María yace de espaldas en el suelo,
deshabitada.
Su cuerpo desértico, su rostro destrozado,
desolada.

María cumplió mandatos patriarcales,
antaño.
Quiso estudiar, mas era niña no niño,
denegada.

María yace de espaldas en el suelo,
marchita.
Su obediencia naturalizada, su condena,
víctima.

Celia Karina San Felipe

Estados Unidos

***

CONTRA LA VIOLENCIA

Control, puestos y
sueldos de herederos
son sus manejos.

Otras culturas
y razas diferentes
son las finanzas.

Nietos e Hijos
desplazaron nativos
de la LIBERTAD.

Terrorismo es
machismo políticos
y comunismo.

Rareza social
es el desequilibrio
que inyectaron.

América es
nueva definición en
el orden mundial.

La clase alta,
dejó de ser la blanca
y caucásica.

A batallar va
Mujer y Su Igual, por
ABORTO LEGAL.

¡Vivas Queremos!
Anhelamos sueños de
evolucionar.

Inclusión siempre
será restauración con
credibilidad.

Oportunidad
de Estado Secular
tendrán que darnos.

L.G.B.T.Q.
¡No quieren comunismo!
Quieren EQUIDAD.

En educación
el mover el saber es
amar aprender.

No te resistas
o los chinos *puré black*
te programarán.

Censaron error
con números a favor,
de la corrupción.

Intercambiemos
Secularismo Francés
de otro nivel.

Al futuro con
la Diversidad Sexual
interseccional.

* * *

Contra los fabricantes de pobreza

Son los días de
la Guerra en Ucrania
amasacrada.

Sin dinero. Sin
salud, sin domicilio.
Sin lavadero...

Caminan entre
bombas rusas, y otras
en esos hielos.

En América
son las *Homeless* quienes
migran forzadas.

Sus asesinos
están escondidos, por
FEMINICIDIOS.

Mujeres de los
ensayos y error, en
trata y "trama".

El sistema es
perverso. Y no tienen
descanso bueno.

Las etiquetan
de esquizofrénicas
por retenerlas.

Las marcan con el
control de medicación,
por si escapan.

Katherine Pérez Pérez

Puerto Rico

***

Madre querida

Madre querida, recuerda que eres mi ejemplo
Sollozos de madrugada, otoño de una vida en silencio
¿Hasta cuándo callarás, madre que asesinas mis sueños?
Mis anhelos se pierden en los jardines del invernadero

Soy tu hija, madre, dame un buen recuerdo
¿Acaso no ves que el amor no yace en tu lecho?
Él abusa de ti y mata la inocencia que llevo dentro
Manchas de sangre decoran nuestro encuentro

¿Hasta cuándo escucharé los gritos?
De la mendiga de un amor muerto
Esa es mi madre, flor de maga que arde en el tiempo
Vivió perdida en el laberinto, ubicado en el desierto

Engendras víctimas de violencia
Nunca nos enseñaste a amarnos a nosotras primero
Ahora soy yo la que lucha contra el isleño, contra el pasado
y la voz que implora libertad de la mujer que llevo en los
recuerdos

***

La jaula de oro

Jaula de oro, sueños rotos de una condena
Amor en tinieblas habita en mi casa entera

169

Todos lo admiran, él es lo que muchas desean
Rostro divino, maltratante de mis días en pena

Arrogante, hostil, abusador sin tregua
Tus hijos no son importantes en tu vida de opulencia
Yo soy tu mujer, valgo más que todas ellas
Eres un maltratante, un enfermo sin consecuencias

Reclamo a Dios por liberarme de esta miseria
No existe dinero que compre quien yo era
La jaula de oro, mi prisión eterna
Látigos de odio hacia la borincana que engendra

Hijos que lloran, prisioneros de un padre que en él piensa
Más puede el orgullo de aquel que a su familia entierra
Soy la mujer del hombre cuya abundancia su corazón encierra
Penitencia que destruye a la que fue seducida por la riqueza

***

La musa de Martorell

Manos celestes iluminan la mirada de Martorell
La obra de Consuelo resalta sus manos como laurel
Flor de primavera que cultiva la tierra entera
Sus manos inmortalizan la obra de un pintor cualquiera

La niña enamorada floreció en los ojos de quien no era
Ilusiones robadas de un amor marcado por la hoguera
Luchó para conservar quien ella era
Hombre egoísta la utilizó para esclavizarla a su manera

La musa huyó del ladrón con su alma deshecha
Pidió ayuda a quienes no la defendieron a ella
Frustrada y temerosa tocó por cada puerta
Oídos sordos encontró en su caminar por la tierra

170

Musa de Martorell, hoy tu voz resuena
Justicia para las hijas que nadie recuerda
Consuelo encuentran en las manos de Andrea
Las que reclaman libertad en el amor que las encadena

María Pedraza

Estados Unidos

***

Llanto

Se escucha el llanto entre la oscuridad
y el rayo de sol que sale tímidamente

Se escucha el lamento de un ser que
aunque no sea inocente es un alma
que estuvo en calma hasta ser herida

Fue brutal el ataque al que fue sometida
por uno de esos que juegan a ser Dios aniquilando vidas

Ingratos machistas que solo aman su ego y con sus manos
manchadas de sangre, la sangre de una madre que dejará su
hija atrás por culpa de un maldito asesino que le arrancó la
vida

Mujer de piel tersa que naciste para ser hija, madre, hermana y
amiga; no para morir en manos de un cobarde criminal que
con mucho alarde de gran temerario se hacía llamar varón

Uno de esos que temen al macho y se envalentona ante la
hembra

Audaz es el desafío que ante el supremo han tenido
maltratando, golpeando, asesinando su creación más sublime

Qué miserable eres ante la sociedad que pide a gritos que la
luz no veas más

Soy mujer

Mi rostro fue creado para sonreír

Mis manos fueron creadas para acariciar

Mis piernas fueron creadas para llegar
a donde quiero

Mi cuerpo fue creado para recibir suaves caricias
y traer vida a este mundo

¿Por qué te ensañas contra mí?

¿Por qué odias mi existir?

¿Por qué con tus puños mi rostro deformas si antes solo lo
besabas? Ya mi tez está morada, luce triste y cansada

Mas no conforme, aprietas mi cuello sin ninguna delicadeza,
aprietas tan fuerte que siento gran sofoco, mis ojos casi salen
de sus cuencas
ahora me sueltas y siento una punzada en mi vientre

¿Por qué lo hiciste?

Dejaste mi cuerpo sin vida, mi madre sin hija y mis hijos sin
madre

Cuánto dolor has causado solo por esos celos encabronados

Pero desde la fosa que hoy me arropa
te prometo que viviré en tu conciencia, seré martirio en tu
cabeza

Escucharás el eco de mis gritos resonar en tu memoria,
una y otra vez

Mis lágrimas, el miedo en mi mirada serán recuerdos
que llegarán a tus sueños

Serás miserable, odiado por tu gente, despreciado y por el
mismo Dios serás juzgado

***

Asesinadas

Desconozco el porqué no existe justificación
No tiene sentido ni razón, solo sé que ya no están

Ellas eran Angie, Jeanette y Rosita
eran jóvenes también bonitas y ya nadie las verá jamás
pues sus vidas fueron destruidas por un criminal con fachada
de esposo, novio o amante; ellos arrancaron sus vidas
en un instante

Luz, Andrea y Keishla Marlene fueron mujeres que no
pidieron nacer, pero ¡válgame Dios! tampoco querían perecer

Sandra, Rosa Julia, Anny y Wanda Ivette tenían derecho
a la vida, derecho a ser

Lidia, Melissa, Belén, Elizabeth y Jomara
son algunas de tantas que han sido muertas encontradas,
su vida robada, sus ansias perdidas,
sus sueños rotos, quebrados sus bellos rostros

Ellas son nuestras mujeres a quienes llamo el sexo fuerte,
nuestras guerreras, madres, maestras, enfermeras, policías y
doctoras.
Extraordinarias, preciosas, madres, esposas

Cuán profundo es mi sentir, mi triste lamento
soy mujer y al igual siento que puedo ser una más en la lista
de mujeres
que jamás volverán a ser vistas

Fernando Barba

México

***

No tenías

Naciste
bocanada de aire
lloraste
y no solo fue por respirar.

Tu madre también lloraba
sabía que,
desde aquel momento,
estarías en peligro.

Tu padre deseaba un varón
no tendrás su mirada
tendrás que luchar por ella.

Sí, tendrás que luchar
por tener los mismos derechos,
por escalar en tu trabajo,
por un mismo salario,
por destacar, por sobresalir,
no tienes que morir por ello.

Por reír,
no tienes que morir.
Por bailar,
no tienes que morir por ello.
Te rompieron el corazón
no tienen que lastimarte físicamente por ello.
Por despecho, por romperle el corazón,
no tienes que morir por eso.

Por hablar,
no tienes que morir por ello.
Por decir,
no tienes que morir por ello.
Por gritar
no tienes que morir.
Por vestirte de esa forma,
no tienes que morir por ello.

Cuando despertemos
solo habrá dinosaurios,
no más hembras.
Extinción.

Lloras, peligro.
Gritas, huyes.
Última bocanada.
Por nacer mujer,
no tenías que morir por ello.

Dora Luz Muñoz de Cobo

Colombia

***

Feminicidios

> *No quiero morir*
> *con las manos en alto*
> *ni abierta de piernas.*
> Koleka Putuma

El mundo se estremece
hay violaciones permanentes
no hay respiro inminente
todo se tapa o soslaya.

En cualquier geografía
sin importar el color
los tambores retumban
ante tanto dolor.

Sangrientas rosas
deshojadas sin importar edad
nexo familiar o guía ancestral
hay impotencia infernal.

¿La esperanza podrá caminar
del lado de estas mujeres y niñas?
Grito de dolor: ¡las queremos vivas!
Retira las vendas, sal del inframundo.

Lágrimas humedecen la tierra
versos narran desazón
ríos de sangre brotan
burbujas y liberación.

Blanca S. Padilla

Estados Unidos

***

Fragmentos del castigo

Magulladura física de golpes
mujeres marcadas de atropellos.
Cultura de lucha silenciosa
silencio de miedos y castigos.

Llanto de alma enamorada
en busca del amor desvanecido.
Memorias tatuadas de dolor
que cercena el raciocinio herido.

Grito invisible que la abraza
encerrada por un tiempo indefinido.
Flagelos en féminas que sus cuerpos
reflejan el maltrato recibido.

Patriarcado machista que violenta
el derecho del género femenino.
Pandemia de guerras indomables
sojuzgamiento abusivo colectivo.

Misoginia, machismo y violencia
desigualdad de fuerza que destruye
a las mujeres que viven en martirio
y se esconden en hogares corrompidos.

Luchas que las llevan a la muerte
ante la violencia que hoy vivimos.
Historias que por años aglomera
la conducta del hombre pervertido.

Levántate guerrera que tu lucha
no se desvanezca en las alas del olvido,
habla hasta que tu lengua seque
las palabras en contra del castigo.

Tu imagen que el espejo hoy refleja
es tu cuerpo comprimido de suplicio.
Es la mujer valiente ante el maltrato
que resurge en medio del olvido.

Vuelve a la esencia de tu vida,
creada en tu autoestima escondida.
Haz como el sol que con su reflejo
alumbra en la tormenta sin motivo.

Deja que tu voz resuene en el desierto
como el eco cuando regresa al oído.
Comienza por amarte a ti misma
al final verás la luz en tu camino.

Ángel de la O.

México

***

Sin hablar

No había alerta rosa
cuando en tus brazos murió Vanessa,
tampoco cuando desapareciste a Angélica.

Esta vez soy yo
tratando de sonreír y de sobrevivir
soportando en silencio lo que no se habla,
lo que no se dice,
lo que otras mujeres y yo
callamos por miedo.
¿Quién nos creerá?

Una mujer me violó, me golpeó,
me violentó de todas las formas posibles,
decir que sus acciones son peores
que las que se le adjudican
a quienes nacen con un pene entre las piernas.

¡Cómo liberarte de lo que no se nombra!
"¡Sí, a mí me violentó una mujer!".
"¡Sí, a mí me ultrajó una mujer!".
Me encerró, me golpeó, me pateó...

Esta vez sus patadas me rompieron algo adentro
no creo que sea otro hueso más,
hoy me dejó tirada en un charco de sangre,
algo sale de mi cabeza, puedo sentirlo...

Tomó el arma, sé que seré una más,
una más de las que no pudieron hablar
una más que murió y que nunca se sabrá
porque dicen que la violencia en la pareja lésbica
no existe, es un mito más.

***

Ella me mató

Han cerrado mi cajón
y con él enterrado mi silencio.
La vi pegada al féretro con rosas,
como cada vez que me golpeaba.

¿Dónde está tu corazón de carne
que te haga admitir
que hoy mi muerte
se debe a ti?

Aún recuerdo ese primer puño
golpeando mis mejillas
y después tu imagen arrodillada
pidiéndome perdón.

"¡No, no te perdono!".
Mi respuesta te enfureció.
"¡Ya no quiero perdonarte!".
Cerraste la puerta con llave.

Jalaste mi cabello y solo pude sentir
uno tras otro los golpes en mi cuerpo,
como si fuera un saco de box.
Tú golpeando mi débil y cansado cuerpo.

Estoy cansada de tratar de defenderme.
"¡Eres mujer! ¿Por qué me golpeas?".

Intentaba gritar y mi boca estaba hinchada,
igual que mis ojos y mis mejillas.

"¡Me equivoqué!".
Disculpaba tu feroz deseo de aniquilarme.
Me gritaste incansablemente "¡Eres una puta!".
"¡Nunca te fallé...!".

No pude terminar la frase.

Tus botas con punta de casquillo
se clavaban entre mis costillas
sentí cómo alzabas mi cabeza
para volverla a azotar contra el piso.

Dejé de escuchar tus ofensas
sentí sangre brotando de mis oídos
mi cuerpo flagelado y sin fuerzas
era sacudido por tu ira.

No me salvó haberte elegido mujer.
Decidir ser lesbiana no es salvativo,
las violencias ahí están
en cuerpo de mujeres también.

Porque cuando el dolor te calla
y la sociedad no te escucha,
el único resonar que oyes
es del siguiente golpe que vuelve a retumbar.

***

Entre cuatro paredes

Escribo de lo que no se habla,
de ese primer golpe tras puerta cerrada,
de esa disculpa silenciosa

de los muchos hematomas
que has plagado en mi cuerpo.

Creí que la mujer que amo,
la mujer por quien me atreví a gritar
mi condición de lesbiana
sería la barrera que evitaría
probar los golpes.

¿Qué hice para que con saña,
detrás de esas cuatro paredes,
nada pudiera salvarme de tus palizas?
¿Porque llegué tarde a casa?
¿Porque no cociné lo que a ti te gustaba?
¿Porque el monitor estaba encendido
y tú aún no llegabas?

Sentí tu primer golpe
y no sabía que vendrían más,
golpes donde no se vieran,
golpes que pudiera cubrir con telas.

Aprendí a disfrazar miradas,
a sonreír ante tus allegados.
Esas cuatro paredes
que consideré mi casa, mi refugio
ahora eran mi infierno
encerrada contigo.

Alejandra Viscaino Naranjo

Ecuador

***

Alas rotas

Su puño fue el hacha que me taló,
por años hizo de mí un montón de leños
cuyo lastimero crepitar miraba desde el sillón,
displicente a mi suplicio, fruncía el ceño.

Le entregué un amor inmaculado, desnudo
a un escorpión traicionero y despiadado
cuyo aguijón a mi cuerpo moribundo
le amputó el aliento por su veneno gangrenado.

Solía contar las gotas de sangre que de mí caían,
esperar que al coagularse mostrasen mi destino.
¡Pobre mariposa que del fuego huía,
fue seducida por la oscura luz de su asesino!

Tonta fui al quedarme sacudiendo el polvo,
al recoger los trizados vidrios de los portarretratos;
por respirarle dentro de una casa llena de moho,
¡ya nadie me escucha! No tiene voz mi relato.

Kajal Ahmad

Irak

***

Espejo

El espejo que oscurece mi era
está hecho añicos
porque ampliaba lo pequeño
y hacía que lo grande se viera insignificante.
Tiranos y monstruos llenaron sus contornos.
Ahora cuando respiro
sus afilados trozos me perforan el corazón
y en lugar de sudor
exudo vidrio.

Traducción/interpretación libre del kurdo al inglés por Michael R. Burch. Traducción del inglés por Patricia Schaefer Röder.

Carmen L. Estrada

Estados Unidos

***

Cambiando la historia

Hoy he cambiado la historia
de una vida muy amarga
de agonías y desvelos
por maltrato de un canalla.

He comenzado a vivir
pues todos los días lloraba
por la ausencia de un te quiero
y el abrazo que anhelaba.

La muerte de una pasión
se ocultaba entre las sábanas.
Negándose a hacer el amor
él con otras me engañaba.

Hoy he cambiado la historia
de esperar cada mañana
pensando que era otro día
esperando que cambiara.

De un maltrato emocional
que nunca yo imaginaba.
Amé con sinceridad
con ser feliz yo soñaba.

Hoy yo le doy valor
a la mujer y a su alma

y a la vida que merece
he comenzado a amarla.

La llenaré de alegrías
yo comenzaré a mimarla
están hoy por terminados
los maltratos del canalla.

Se rompió el hechizo
de la historia amarga
y la negra magia
del cuento de hadas.

Marisol Osorio

Estados Unidos / Puerto Rico

***

Reinas de cristal

En violento camino de una gran ciudad
Que es parte de un reino lleno de emergencias
Observo estrellas que yacen en el suelo
Reflejando luces por aquel sendero

Son estrellas muertas, todavía brillan
Muchas burdos vidrios, otras son cristales
Trozos transparentes, otros tan opacos
Algunos muy nuevos, otros ancestrales
Mas todas son parte de lúgubre mosaico

Me doy la tarea de juntar las partes
A algunos cristales lágrimas les brotan
Pues todas recuerdan macabras historias
De cuando en pedazos, sus cuerpos destrozan

Es que estos pedazos en otrora fueron
Mujeres valiosas, víctimas del mal
Que crueles villanos nunca apreciaron
Pues eran princesas, Reinas de Cristal

Las recordaremos y encontraremos
En el firmamento, divino vitral
Y en esos caminos con rotos cristales
Su brillo convierto en sabiduría
Para proteger las próximas vidas
De grandes princesas, Reinas de Cristal

***

Rompiendo el silencio

Yo quise en mi vida enardecer un grito
Declamando versos que rimen libertad
O simplemente un canto de sobrevivencia
Que evite me convierta en una muerte más

Mas mi canto preso en capullo de rosa
Sufría el asedio de ti, mi cancerbero
Convertiste mi vida en un Hades mundano
Tomando tú, ventaja de mi amor sincero

Quise vivir mi vida, pero viví la tuya
Soñaba yo tus sueños, reía tu alegría
Nadaba por los cauces de ríos de tu vida
Estaba convencida que así, tú me querrías

Hoy miro yo mi rostro, cuesta reconocerlo
Yo, tu obra maestra y tú "el mejor maestro"
Tu puño fue carimbo en mi cuerpo tatuado
Mas luego pretendías que nada había pasado

Un tiempo tuve miedo, miedo de no morir
Pues vivía la vida muriendo cada día
Creí haberme ido, pero seguía viva
Castigo merecía, era lo que decías

Carrusel de vida que gira tan silente
Yo, escuálida yegua detrás de gran corcel
¡Recurran a mi auxilio!, que ya quiero bajarme
Me niego a morir en carrusel de hiel

Y salgo del capullo gritando con mis versos
Que soy rosa que emerge del Jardín del Silencio

Para yo protegerme, mis espinas las uso
Resguardo de mi alma, escudo de tu abuso

Con tu grito, el mío y el de muchas hermanas
Construimos a voces un grandioso obelisco
Monumento a mujeres que guardaron silencio
Padeciendo de abusos y de feminicidios

Carmen Concha-Nolte

Perú

***

¡Basta, ya!

Basta
que pocos digan «horror»
y escupan la boca   —descentrada—
salpicando palabras al vuelo
para mostrar pérdidas
esquivando el daño

Basta que esos otros sean el todo
                              —suicida—
del terreno feroz
y acepten la vasta desnudez
del inminente calofrío
escondiendo la causa

Me he cansado de noticias
gallina con sazón pimienta
barnizando últimos alientos
para mostrar los cuerpos de ellas
                              —las inocentes—
en ruinas

Me he hastiado de la sombra
de titulares que desnucan
la piel como telenovela agónica
sin dele- t-r-e-a-r
¡Bas-ta, ya!

Mónica Gómez Puerta

España

***

2021: 78 mujeres

Os imagino a las 78 aquí juntas,
sobre este césped, bajo este sol.
Y me pregunto muchas cosas,
mientras desearía veros sonreír.
Me pregunto si uno pasa a la eternidad,
o al otro mundo, o al cielo,
o como lo quieras llamar,
con la última expresión que usó en vida.
Si es así, todas estaríais aterrorizadas,
probablemente.
Alguna quizás aliviada al ver el final
y saber que la incertidumbre sobre cuándo la matarán
acaba justo hoy.
Justo ahora.

Ahora llega el palo final y no he podido evitarlo.
Nadie ha podido por mucho que merezca que me ayuden.
Por muchas veces que se haya repetido mi vídeo en redes
sociales
y por muchas veces que mis vecinos hayan llamado a la
policía
al oírme gritar.
Por mucha policía que haya venido a ver cómo estaba.
Por muchas veces que haya creído en sus mentiras
y su cara de noloharémás.

Sí, tú, maldito bastardo que te crees mejor que yo.
Has logrado hacerme creer que había solución.
Y después has logrado hacerme creer que,
aunque no la hubiese entre tú y yo,
la habría por separado.
Y te has salido con la tuya.
Y has acabado conmigo.
¿Qué expresión quieres que me lleve a la tumba?

Y ahora, ¿qué hago aquí con otras 77 mujeres
que sienten lo mismo,
delante de esta viva que quiere entendernos?

Sandra Hernández Garduño

México

***

Ni una menos

Sí, ya sé que llevas un rato mirándome.
Sé que tu mirada ya estaba juzgándome,
esto ya está fuera de control.
Tu machismo oprime y eso es cultural.
Tu machismo mata y eso es real.

Me ejecutas, me entierras
en patios, en sierras,
debajo de camas,
en playas desiertas.

Manos azarosas,
algunas poderosas;
otras, descastadas,
mas me matan todas.

Te doy mi confianza
mi amor y esperanza,
pero tú me golpeas,
vulneras y asesinas.

Mis gritos se esfuman.
Las denuncias se ignoran.
Así se extingue mi vida
sin hallar una salida.

No acepto tal destino.
Grito "Ni una menos,
vivas nos queremos".

***

No queremos machos que nos asesinen...

"¡Sí! Estoy harta, furiosa, rebalsada, podrida,
tengo bronca, tengo ira, me hierve la sangre,
las venas me explotan, los ojos respiran, las bocas no callan,
mis pies ya caminan, las manos se alzan.
Estamos gritando, marea de mujeres recorren las calles,
la lluvia se asoma, el asfalto transpira.
Te siento en mi cuerpo, ¡amiga, estás viva!
Encuentro a mi lado a quien no conocía,
hacemos un paro y a rodar el día,
pancartas mojadas se mueven con la brisa,
la foto de alguna doblando la esquina.
Te oigo en el grito de todas las cuadras que el país mira.
Los medios se callan, el estado espía.
Ahora somos miles, hoy es el momento,
hoy vas a escucharnos: NOS QUEREMOS VIVAS.
Ya no más el miedo. Ya no más la víctima.
Hoy nos dimos cuenta, que esta vida es nuestra y así se
respira.
Suena el redoblante, los pasos marchando,
adoquín en ruinas, atrás viejo mundo,
hoy te quiero viva, ahora en nuestras manos, el sol se
avecina.
Aunque tiemblen muchos,
cueste lo que cueste con la voz arriba.
Porque somos miles y esto se replica,
cruza las fronteras, rompe la rutina.
El sonar del bombo ahora se palpita,
se va acelerando, pura adrenalina.
Hoy decimos basta, hoy no te pedimos,

vamos a arrancarte sistema podrido,
esta libertad que tanto exigimos,
y a tu patriarcado perverso, mezquino no daremos tregua,
un golpe tendido que estalle por los aires con un rosario
incluido".

Nélida Magdalena Gonzalez

Argentina

***

Despreciable

Ella teme su inmunda llegada
que con golpes viene acompañada.

Inhumano te crees valiente
con fachada de amor aparente
es tu ira y maltrato tan frecuente
que al mirarla a ella se hace evidente.

Aunque quieras mostrar armonía
te repudiamos por su agonía.

Está ida su verdosa mirada
pues teme que tu maltrato aumente
y es increíble tu hipocresía.

***

No llores, mujer

No llores, mujer
arropa tu cuerpo frágil
con una armadura
de hierro invisible.
Enfrenta al malvado
que destruye tu ser
colmando tu vida de dolor.
¡Ya basta, no más martirio!

198

No más flores secas
en tu imaginaria sepultura
que se agranda con cada golpe
con cada gota de sangre
con cada lágrima que derramas.
No llores, mujer
eres más fuerte de lo que piensas
levanta tu mano cual muro
y grítale ¡basta!

María Fernanda López Reina

Cuba

***

Ya no más

Tú que quieres callar
Ante las muertes en las calles
Ya no más
Nosotras
Mujeres y niñas
Vamos a gritar
Desde los pulmones
Dibujando la libertad

Tú que no paras de mirar
A las que hemos de andar
Que con tus comentarios
Pretendes burlar
Ya no más
Nosotras
Quemaremos cielo y mar
Y volveremos a bailar
Sin el pesar de tu mirar

Tú que me quieres matar
La vida y la esperanza
Ya no más
Cantaremos y haremos ruido
Avanzaremos
Pasos cortos
Nuestras vidas largas

Unidas en abrazo adolorido
Hemos de luchar

Cristina Godoy Martínez

Estados Unidos / Argentina

***

Solo son promesas

Mujer que idealizas
momentos felices
que son solo sueños
que no existirán.

Sufriendo en silencio
creyendo en promesas
sabiendo a conciencia
que no cumplirá.

Miras a lo lejos
y sigues soñando
pensando que un día
todo cambiará.

Solo son palabras
que se lleva el viento
promesas inciertas
del nunca jamás.

El abismo se acerca
el monstruo despierta
los gritos y el llanto
no lo detendrán.

Reacciona, mujer
aún estás viva
el mundo te espera
con su libertad.

Alberto Cerritos González

México

***

Ojos de mujer

Soy cuño cicatrizado
por el pasado en rasguños;
soy el puño del lenguaje,
peregrinaje de heridas,
golondrina en un vaivén
pero también medicina.

Soy la guadaña del viento,
labro al tiempo en mis entrañas,
soy la pestaña flotando
de contrabando en la grima,
por la sordina del llanto,
pero imanto medicina.

Que suden llanto los hombres
con ojos de una mujer.

***

Cuando una mujer llora

Cuando una mujer llora,
la lluvia se camufla entre sus párpados,
el llanto de los suelos se hace audible
y el aire se fermenta con sollozos
de otros tiempos

Cuando una mujer llora
se filtran en su llanto otras mujeres
y en cada lágrima se escucha
otro silencio;
aumentan su tamaño las palabras:
rebasan al papel y se desprenden
de los labios, rebosan en la lengua, caen,
se expanden
y dejan de caber en los poemas

Cuando una mujer llora,
se ahogan con su tinta los bolígrafos,
las horas duran más que las semanas
se pierde en todas partes un minuto,
se vuelven zurdos los relojes
y el cielo se separa de la tierra

Cuando una mujer llora,
el mar usa de atajo a las mejillas
y riega los jardines de las palmas.
Cuando una mujer llora,
las líneas paralelas de su llanto
construyen en su rostro una escalera

Adriana Villavicencio Hernández

México

***

En los días de encierro la muerte es otra

Eres el lobo de la jaula
canino de brillo blanco,
eres el algodón de la almohada
corazón que te quiero tanto.
Volvimos a encontrarnos en la mirada
sospecha, tensión y misterio,
la mano que el pétalo acariciaba
rompía la ley sin criterio.
Dejaste el rosal hasta su tallo
con todo y espinas en mano clavadas
y en el estupor del cuarto
el virus no fue lo que la mataba,
el microscópico desconocido
su ruta desviaba de largo y derecho,
el grito retumbante al techo
cubrebocas que no silenciaba
juramento del matrimonio
la muerte en pergamino dictaba.

María Antonieta Elvira Valdés

España

***

Marta

En memoria de
Marta Del Castillo
y Marta Calvo.

Los monstruos existen
y tienen rostro,
tú lo supiste bien.
¿Dónde estás?
¿Cómo se puede vivir sin huesos?

Saliste de casa sin saber
que ya jamás volverías,
nunca más.
La nostalgia se instaló como costumbre
y la ausencia también.
¿Dónde estás?
¿Adónde se fueron a vivir tus sueños?

Cobardes cumpliendo
condenas de cartón,
cadenas perpetuas de dolor
para los tuyos.
Pesadillas que no tienen epílogo,
cementerios sin tumbas,
flores sin dueño.
¿Dónde estás?
¿Dónde quedó tu cuerpo?

Hay un final para cada historia,
pero el tuyo nunca llega.

***

Tu nombre

Números que ofenden,
estadística imperfecta
de dolor y olvido.
Cuentas que se multiplican,
que se aceleran
y no dan marcha atrás.
Es tu nombre,
son mil nombres:
María, Esther, Sara, Isabel,
Claudia, Virginia, Camila...

Asesinos sin rejas,
demonios de caza,
odiadores de mujeres,
ranas venenosas sin príncipe,
que toman por la fuerza
aquello que no se ha ofrecido.
Es una vida,
son mil vidas:
Fernanda, Gema, Eva,
Abigail, Mónica, Ángeles...

Historias de dolor
que se repiten,
una y otra y otra vez.
La maldad no duerme
y yo solo escucho
tus gritos y tu dolor.
¿Qué más puedo hacer?
Desdibujan tu nombre,
pero aquí vas,

porque yo te recuerdo:
Diana, Verónica, Yolanda,
Cristina, Debanhi, Rocío, y muchos más...

***

También me matas tú

¡Qué difícil es respirar
si aprietas tus manos
sobre mi garganta!
Es mi culpa,
dicen aquellos
que no han entendido nada.
Soy vulnerable, soy mujer,
tengo miedo de lo que pueda pasar,
siempre.

¡Qué difícil es respirar
cuando llevas todo el peso
del mundo!
Dices que soy fuerte,
pero yo solo puedo
sentir mis temblores.

Me mató un sujeto,
presunto le llaman,
con sus manos y su rabia,
porque soy mujer
y porque quiso.
Me matas tú, de nuevo,
con tu veneno, porque
no sabes lo que dices:

Algo haría
Ella se lo buscó

Pero mira cómo iba vestida
Seguro se lo merecía
Quién la manda a salir tan tarde

¡Qué difícil es respirar
cuando todos te ahogan!
Yo solo quería vivir,
vestir bien, gustar,
salir y divertirme,
porque también tenía derecho.
¿Cuántas más debemos morir
para que podamos entenderlo?

Antonio Manzano
Venezuela

***

Los desafíos de una rosa

En la hora más lúgubre y tenebrosa,
ocurren los múltiples desafíos,
cambiar el posible amor por un triste episodio,
más inteligente resulta ofrendar una rosa.

Los impulsos sin sentido
son toda una calamidad,
para verse en prisión de por vida,
por un mal concepto o un fatal desatino.

A veces son complejos de inferioridad,
malas experiencias previas,
acumulados rencores desde niños,
revisen su pasado y verán la original barbaridad.

Mirar a las escuelas como santo remedio,
es ser cómplices o simples testigos,
deben tomarse medidas para evitar futuros castigos,
observen los modelos de los llamados "medios".

Sirvan estas líneas como un mensaje de esperanza,
como una voz de alerta, como grito de denuncia,
prevenir es todo un reto, la sociedad se pronuncia,
las leyes, por sí solas, no bastan.

Adriana Quiñones

España

***

Secuestradas

¿Que sean las voces calladas el eco de la realidad?
Que abran los ojos ellas y se vea la verdad.
Testimonios escritos en recuerdos que se hacen persistentes
y pasa así el tiempo y aún todo sigue igual.
Madres, hermanas, tías e hijas y así muchas otras más.
Y las pesadillas continúan, los lamentos y las lágrimas, los
porqués, pero ¿ hasta cuándo? ¿Por qué más?
Ya basta con la película de nunca y jamás acabar.
Laberintos de dolor e inexplicables acciones de odio, celos,
control y posesión.
Todos desencadenan en la muerte y el dolor. Ya no hay paz,
ni mucho menos amor, todo carece de sentido y no existe
comprensión. Se nos pierden los sentidos y sólo un inmenso
dolor de sentir una impotencia ante esta situación.
Familias desintegradas ante una condición que en vez de
verlo ya claro aún ni cerca una solución. Qué poco podemos
verlo cuando no es tu condición, ni te toca, ni te afecta y
otros con tanto dolor.
Seguirán tantas viviendo sin esperanza y con resignación en
vez de contar con apoyo y ver la transformación. Que se
impongan los que pueden erradicar esta situación. Que se
vean libres las mujeres y que vivan sin temor para hacer de la
familia hoy y siempre lo mejor.

***

210

¡Ya basta, ni una más!

Era de madrugada, María elevaba una voz al cielo desgarradora y conmovedora.
Después llegó el vacío del silencio y la incertidumbre.
María ya no podría ver a sus hijos, ni continuar con su valioso aporte en el hospital, donde jugaba un papel importante.
Una menos... Y sólo queda el dolor y la incertidumbre de cómo atajar esta violencia y erradicarla totalmente.
Una violencia que se repite inclementemente callando las voces de mujeres a quienes se les trunca la vida, dejando heridas profundas y dolorosas y colgados los ímpetus de cambios para tantas otras que viven a diario este terrible azote.
No poder vivir, no poder dejar huellas al andar, ni sembrar o cosechar semillas y ni dejar valiosos frutos en esta sociedad tan necesitada de amor, de paz, de humanidad.
Ese quejido de María aún retumba en el cielo y revive con firmeza el dolor de tantas que se hace universal y ratifica un grito de auxilio:
¡Ya basta, ni una más!
Cuán difícil erradicar totalmente esa realidad y poder disfrutar a plenitud de la magia de ser mujer. Ese ser único y especial sinónimo de amor, sensibilidad, valentía, inteligencia, belleza, generosidad. Generadora de paradigmas y revolución humana.
Todas unidas y desde todos los rincones del mundo nos mantenemos firmes y clamaremos a viva voz y con fuerza:
¡Ya basta, ni una más!

Magdalena Ugaz

Puerto Rico

***

Todas ellas

Todas ellas, dejan sus alas en la zozobra
estrangulan sus marcas de tormentas
frente al maquillaje que pide perdón
por i r r u m p i r
cada pedazo de piel tatuada
en canteras secas
que cobijan b
                a
                j
                o una falda
sombras de gritos.

Yajaira Álvarez

Venezuela

***

Sol que llora

Ella es sol que llora y nadie la ve.
La angustia que escurre
los platos con la boca sepultada.
Los trazos rojos o violetas
que anuncian la piel
como tópico recurrente.
El miedo acuclillado
en los cuartos del alma
con el llanto de los hijos.
Hasta
que un día aparece en las noticias
"un feminicidio"
su tumba no tiene flores.
Es hora de gritar la sororidad
o de gritar simplemente justicia
para que el temor cuelgue sus guantes
para que el sueño no sienta el cansancio
de tantas mujeres que quieren vivir.

Patricia Infanzón Rodríguez

Puerto Rico

***

Emergencia

Desmembrada una,
Apuñalada otra.
En el río se encontró el cuerpo tirado de una mujer
Y su bebé a la orilla con hematomas en la cabeza.
Otra fue violada
Y ni los quince se le habían celebrado
Para cuando se extendió el estado de emergencia
Contra la violencia de género.
"Emergencia" se ve como un letrero de cartón
Que lleva meses cogiendo agua, sol y sereno,
Y ahora está amonguillado y podrido
Mientras los reportes aumentan
Y los golpes se sienten
Y los gritos no paran
Y los moretones se multiplican
Y las cuchillas se afilan
Y los llantos se quedan sin aire.
Les trabajadores sociales se jalan las greñas;
Cuarenta casos por cada alma servicial que trata de suplir
Un alivio,
Un descanso,
Un rescate,
Pero solo tiene dos manos
Y un corazón exprimido.
Un tipo mató a su pareja y su hijo unos pocos días antes
Que el periódico anunciara
Que el mismo Departamento de Educación
Dejó atrás el currículo con perspectiva de género.

Al otro día a Educación se le cayó la cara de vergüenza,
Cuando todas las portadas del país
Chismearon sobre cómo los fanáticos religiosos hostigaron
sus oficinas
Con un fracatán de llamadas histéricas
Para que rechazaran esta "ideología de género"
Por el bien de la niñez.
Pero ni una queja, ni un "jí" se escuchó
De esos lambeojos de Dios
Cuando tres días después, un cabrón golpeó a su esposa
embarazada.
Ah, pero por lo menos lo arrestaron.
No se sabe cómo anda la esposa,
O si sigue teniendo su panza.
Ahora miramos aquel letrero mojado y destartalado,
"Emergencia" lagrimosa y mohosa
Que hace rato se cayó al piso,
Pisoteada por medio mundo.

José Angel Coss Rodríguez

Puerto Rico

***

Violencia

Violación,
sexo impuesto,
sexo no deseado
y no consentido.

Individuos que no entienden,
que un vestido no es una invitación.
Es solo un vestido.

Otros que piensan,
que después de ciertas horas,
todo se vale.

Los lugares tampoco dan permiso,
eso cualquiera lo sabe.

Exparejas,
esposos,
novios,
padres,
padrastros:

Ninguno contiene su deseo bestial,
que viene de ancestros.

Con fuerza brutal marcan cuerpos,
y mutilan rostros.

Instinto animal desencadenado,
que usa de excusa cualquier color o gesto,
para su ataque siniestro.

Astutos adultos del clero,
o legos que usan la inocencia de la víctima,
y el silencio de los claustros.

Compañeros de estudios o de trabajo,
que violentan la intimidad de los espacios,
y de los cuerpos.

O amigos de la familia,
que luego de cenar pavo o pollo dan gracias,

y te manosean como...

Ni las citas son seguras,
aceptas un viaje a la granja,
y apareces descuartizada en una zanja.

Te quieren cambiar tu gusto,
elecciones,
e identidad.

Recurriendo a la represión para corrección.

Atentan contra tu cuerpo,
y tu vida,
en pro de dirección.

Malditos hipócritas,
no pueden manejar sus vidas,
y quieren controlar otras.

¡Ultraje!

A las mujeres las queremos vivas.

Jamás estará de más protestar,
defenderse,
y hacerse respetar.

Es momento de ocupar espacios de poder.

Romper esquemas,
cadenas,
y obstáculos.

Establecer lo que sea necesario
por los medios necesarios.

Superemos el odio,
no más entierros,
velatorios,
y rosarios.

                              ***

Mi propia sangre

Nací con belleza privilegiada,
por eso desde niña fui muy elogiada.

A los diez años escapé
de un matrimonio arreglado.
El señor de 60 años era amable,
pero según Padre no era honorable.
Padre no consintió a lo que este señor quería,
ninguna de mis hijas —dijo— pasará en un círculo de
ancianos de rodillas en rodillas.

Pasó el tiempo, mis hermanas y yo crecíamos en gracia,
voluptuosidad y sabiduría.
Nuestros pies estaban bien aseados,
con cadenitas al tobillo,
uñas recortadas y pintadas con meticulosidad.
Nuestras piernas estaban bien torneadas,
con pantorrillas, muslos, caderas y glúteos bien
proporcionados y tonificados.
Nuestro torso era espectacular,
amplias espaldas,
brazos definidos,
pechos erguidos.

Por más que nos obligaban a nuestros cuerpos ocultar
siempre nuestro físico llamaba la atención en cualquier lugar.
Los peatones y transeúntes fueron los primeros en notar
nuestra belleza espectacular.
Luego lo percibieron los constructores y camioneros.
Luego fue obvio para nuestros primos y amigos.
Lo notaron hasta nuestros instructores.

Fue entonces cuando nos comenzaron a llover flores,
aullidos de lobo,
llamados de gato.
Al principio dimos gracias.
De algunos de los cumplidos nos reíamos.
A otros, contestábamos con desaprobación y cortesía.

Fue entonces cuando los cumplidos verbales se convirtieron
en sentencias sexuales.
Olvidamos las danzas de cupido,
comprendimos sus flechas.
Recibíamos lanzas de lujuria primitiva,
que para nosotras eran totalmente desconocidas.

Algunos sólo nos hablaban al pasar.
Otros por ratos nos seguían.
Aun otros nos acosaban,
nos hostigaban al punto que nos agredían.
La ruta feliz de nuestra niñez,
era el paseo de la muerte de nuestra adultez.
Como no soltábamos prenda,
los halagos se convirtieron en odio.

A la mayor fue a la primera que atacaron.
La secuestraron y del país la sacaron.
Nunca supimos si la vendieron, si la prostituyeron o si sus
órganos le sacaron.

Por terror, a la menor se le ocurrió, junto a su amante, huir.
Padre los persiguió y les dio alcance.
Reunió a mis hermanos
y junto a ellos
al amante torturaron, desfiguraron y golpearon
hasta que lo mataron.

Cuando Padre atrapó a mi hermana menor,
me obligó a ser testigo de lo que le haría.
Impotente veía cómo Padre ordenó que la apedrearan y la
molieran a palos.
Como mi hermana se movía en espasmos y gemidos la
abatieron a tiros.

Mi suerte fue otra.
A mí me violaron y ultrajaron unos primos,
que entraron por una puerta trasera mientras profundamente
dormía.
Vecinos juraron a Padre que vieron cuando yo la puerta les
abría.
Padre les creyó y decapitarme quería.

Madre lo convenció de que me pusiera de ejemplo.
Me llevaron frente al pueblo.
Entre los que me lanzaban rocas pude divisar a aquellos,
peatones, transeúntes, constructores, camioneros, conocidos,
primos, amigos e instructores,
que habitaban la ruta feliz de la niñez y paseo de la muerte de
la adultez.
Me mataban rostros que crecieron conmigo, mi propia
sangre.

Con hematomas en todo el cuerpo,
inflamado todo el rostro,
me llevaron a rastras a un cuarto escondido.
Me desvistieron.
Me ungieron con aceites.
Me curaron.
Me perfumaron y en una blanda cama me acostaron.
Pensé que todo había acabado.

Días después se abrió la puerta del cuarto.
Veo una silueta familiar,
era Madre, quien, con navaja de barbero en mano, se acerca a
mí.
Maternal y firme abrió y me pasó la navaja,
para que con ella mis venas cortara.
Por supuesto que no accedí.

Fue entonces que me sentaron en una silla a la fuerza.
Me amarraron y Madre besó mi frente.
Entonces mandó a colocar una bolsa plástica sobre mi
cabeza.
Acto seguido llamó a los más pequeños de mis hermanos,
los mismos que cuidé salidos del vientre.
Los instigó a que como a piñata, a mi cabeza le dieran palos.

Amarrada a la silla luché por mi vida.

Me asfixiaba,
sudaba,
lloraba.
Sangraba, mientras en mi propia sangre me ahogaba.

Carmen Chinea Rodríguez

España

***

Y entonces llegó ella

Nací macho
Macho, poderoso y guapo
Mimado por los dioses
Rey de la creación por la gracia divina
Masculinidad sagrada

Mis mujeres
Hermosas todas, esclavas
Arrastradas en mi presencia
Como animales, perras
Objetos ornamentales

Me casé con la más joven
La más hermosa, la más ingenua
Sumisa, vapuleada, golpeada
Que creyó esas bobadas
Del amor y la ilusión

Cumpliendo las órdenes de la naturaleza
Parió cuatro varones
Machos, poderosos y guapos
Analfabetos predestinados a reinar
En este Paraíso perdido

Y entonces llegó ella
Tras un embarazo difícil que trajo
La criatura más preciosa parida por mujer alguna

Pequeña y frágil, su mirada cristalina
Renovó el mundo

La Madre Tierra se materializó
Yo contemplaba, anonadado, cómo
Su sonrisa derrumbaba todos los muros
Todas las estúpidas creencias
Transformó el orden, y quiso ser libre

Niña de aire y de agua
Reflejaba el amor
Inmenso, como inmensa era ella
Profundo, como profunda era
Y todos a su alrededor cambiamos

Aquella noche, aciaga y terrible, no llegó
Me la mataron
Machos, poderosos y guapos
Tan iguales a mí, yo igual a ellos
Ahora... ¿Cómo podremos respirar?

Fátima Chávez Juárez

México

***

Mamá, quiero vivir

Camino por la vida
que no es vida para mí.
Amoldo mis zancadas
para que sean más largas.
Amoldo mis latidos
para no perder la paz.

Me disfrazo de llamadas,
de audios a la nada,
que no sirven de nada.
Mamá, quiero vivir...

Me camuflo en la sombra
de parejas
que transitan disparejas
por donde yo voy.
Me deslizo, me apresuro, casi corro,
corro.
Mamá, quiero...

Un portazo, varias manos,
la pregunta: ¿por qué a mí?
El silencio.

Mamá...
No me pude despedir.

Elba Gotay Morales

Puerto Rico

***

Vivo con miedo

Todos ignoran, nadie sabe lo que pasa a puerta cerrada. Dejó de ser un hogar para convertirse en un infierno.

Como un vicio del que no sé cómo salir. Los días, la vida y mi cobardía o mi ignorancia lo agravan todo. ¡No va a cambiar!

Ya no soy yo. No respiro, no vivo, no soy, vivo con miedo... Me aterra el llegar a mi casa con mis hijos después de un largo día para encontrarme con ese hombre que ya no reconozco.

Si tan siquiera alguien al mirar mis ojos entendiera lo que gritan. Pero no es así, nadie ve más allá, nadie interpreta mis silencios, mi mirada perdida, ni siquiera los de cerca, ni la misma familia.

Exagerada y dramática me llaman esos amigos a los que tengo el valor de hablarles. Ellos no saben que anuncian mi muerte al contarle a mi maltratador mis confesiones. ¡Sentencian mis días!

¡Ya no puedo más! Temo un día no despertar y peor aún, ser encontrada muerta por mis pequeños hijos. Pero ¿cómo? Nadie me escucha, nadie cree.

Y así transcurre el tiempo... atada, maltratada, menospreciada, desvalorizada, aterrada y sola. ¿Hasta cuándo?

Luccia Reverón

Puerto Rico

***

Voluntad

Hoy he decidido decir no quiero
Por eso corro y busco ayuda
No seré una muerta más
En las estadísticas
Ni en números arábigos
Romanos
O ningún otro.

Seré yo quien le detenga
No solo con palabras
Sino con mis actos
Me armaré con la mejor arma
Mi voluntad, para defenderme
Mi decisión
Para aplastar su cobardía

Le digo, detente.
Hoy declaro ante todos
Ante todos los cobardes
Inconscientes,
Misóginos,
Machistas
Que ya se acabó la fiesta
Es tiempo de barrer.

***

Flor de conciencia

¡Que te vayas a casa!
Me grita con violencia
y yo, miro hacia los lados
buscando un apoyo
contra esa orden machista, malvada.

Mas no veo a nadie
solo sombras que se ocultan.
Me tiemblan las manos
cierro los puños poco a poco
y siento que el valor me visita.

Le reto con la mirada
y el coraje bordado en mis ojos
subyugando al potente miedo
para enfrentar y detener
el abuso y la violencia.

Mas yo sola no puedo
te necesito a ti, vecino, hermano
a ti, que luches con nosotras
a ti, que grites con fuerza ¡basta ya!
¡Todas son mis hermanas!

Nasbly Kalinina

Estados Unidos / Venezuela

***

Amor infinito

Siento el amor de mi madre
y su miedo,
cuando ve venir a mi padre
para golpearla a pesar
de que estoy dentro.

Siento que es mi culpa
y me aferro aún más a su vientre
para consolarla mientras llora
ante la imagen de aquel Señor
en el altar mayor del templo.

Mi hermanito también la abraza
le dice que la ama,
y que cuando crezca
él nos defenderá de Papá.

Nos dice que solo es cuestión de tiempo,
que no nos preocupemos,
ya él pronto será grande
y nada ni nadie nos volverá a lastimar.

Mami lo abraza y trata de sonreír...

Siento un fuerte golpe,
Mami grita de dolor,
trata de huir,
pide ayuda,
para que me salven a mí.

Me falta el aliento,
no puedo respirar,
doy patadas,
trato de salir.

Me estoy desmayando,
el doctor me da una nalgada,
y me hace llorar ante la vida
mientras Mami yace pálida y fría.

Cinco meses tenía,
ya formada logré ser salvada
y junto a mi hermanito
llevada a la casa de nuestros abuelitos.

Han pasado 25 años,
pronto seré mamá
y mi bebé tiene la suerte de tener
un buen papá.

Paso horas ante el Santísimo
al lado de mi hermano
mientras veo a los ojos a Jesucristo,
recordando a nuestra madre,
quien al igual que Él
dio hasta su última gota de sangre
para salvarnos con su amor infinito.

***

Sobreviviente

"Los muertos no hablan"
decía mientras me apuñalaba
con su gran navaja.

Una,
dos,
tres grandes punzadas
me dejaron inconsciente
a la orilla de la playa.

Me estaba desangrando.

Entre dolor y llanto, grité
cuando escuché las sirenas que hicieron correr
a quien consideré un hermano.

Los policías y un gran grupo de voluntarios
buscaron al victimario que no dejó rastro.

Pasaron varios días y desde la distancia
vi mi cuerpo entubado.

Toda mi familia y mis amigos
hicieron cadenas de oración
a las cuales asistí hasta que lo vi:

A él,
mi agresor,
consolando a mis padres e hijos
con aparente dolor.

Una rabia indescriptible
se apoderó de mi ser
y una sed de justicia
me hizo volver.

Cuando nos quedamos solos,
me quitó el tubo de la boca,
me repitió al oído: "Los muertos no hablan"

y al contar
uno,
dos,
tres
dije con toda la fuerza acumulada por meses:
"pero los vivos sí".

Apreté el botón de emergencia.
Los médicos y enfermeras llegaron
sin darle oportunidad
nuevamente de huir.

Desde entonces me siento como nueva,
mi misión en la vida ha tomado sentido,
me he unido a otras sobrevivientes
y juntas decimos: "NO AL FEMINICIDIO".

Rocío Fragoso Vázquez

México

***

Nada, ya no siento nada

Me gusta tu voz, me hace feliz escucharte cantar y verte tocar la guitarra. Tu sonrisa, el color de tus ojos, tu tono de piel, eres muy guapo y me fascina estar a tu lado, me siento plena, amada.

Tu voz melodiosa estaba transformada, gritabas lleno de furia, sentí mucho miedo, me refugié entre las cobijas de la cama para intentar ya no escucharte.

La rojez en tus hermosos ojos verdes permeaba la ira en tu interior, sentí mucho miedo, me paralizó, grité de desesperación; mientras era arrastrada de los cabellos por la calle y el hambre que sentía desapareció.

Tus manos qué bonito tocan la guitarra, pude verlas mientras intentaba apagar la llama de la estufa y evitar que me quemaras la cara; sentí mucha tristeza ver la comida y los platos rotos salpicados con sangre en el piso de la cocina.

El brillo de tu sonrisa me encanta, no hay nada igual; hasta que vi el brillo de unas tijeras que usé para que soltaras mi brazo, tus dientes perforaron mi piel hasta quitar un pedazo, sentí angustia, impotencia, mucho dolor.

Disfruto estar a tu lado, pero no que estés encima de mí, me inmoviliza, me asfixia; eso siento, no quiero un beso, quiero huir para no sentirte... brilla bonito la mañana y... ya no siento nada.

Arturo Manchego

Ucrania

***

170

Yonimaira
maldita Madre
despiadada
    asesinó a su hija
        de tres años de nacida

ella dijo que no quería matarla
pero
    la niña gritaba
y Yonimaira la golpeaba
                    más y más
para
que callara
porque eso
aprendió
de sus padres

tuvo tres varoncitos
uno de cuatro   uno de dos   y uno de uno
y
su hembrita   de tres
que también se llamaba Yonimaira
en su vientre vendría el quinto

cada uno de los cinco padres
le dijo lo mismo
            ese muchacho no es mío

la trataban
como sus padres
amándola

 ella
          adulta
recordaba que en la iglesia
le enseñaron
que la mujer
debe sujetarse al marido
porque esto le agrada a dios

a Yonimaira la asesinaron
cuando era niña

en la iglesia
le
enseñaron
que debemos honrar a nuestros padres
que la mujer debe sujetarse al hombre
para poder agradar a dios
y no cometer
pecado

en el colegio
que la familia
es la base de la sociedad
y que nuestros padres
nos aman
y siempre van a desear lo mejor para nosotros

su papá tenía un problema en el pipí
que solo Yonimaira
con apenas seis añitos
podía sanar

ella era el cristo
al que todos los días crucificaban
que recorría las aldeas en el cuerpo de su papi
y sanaba sus enfermedades
pero nunca pudo resucitar al tercer día
a Yonimaira la asesinaron
cuando era niña

ella debía chuparlo
hasta que saliera
aquella leche podrida
que hacía sufrir a su amado padre

él   satisfecho
      le decía
      no se lo digas a nadie
porque luego no podré sanar
y me voy a morir
y dios te va a castigar

Yonimaira pensaba
que si sus padres la amaban
tanto
tanto
y eso le dolía mucho
el castigo de dios   arrecho   le iba a doler más
entonces se quedaba callada
así sanaba a papi

otras veces la chupada no sanaba
quedaba aquella cosa mortífera
adentro de papi
                  entonces
ella tenía que guardarlo
en su cuevita

a Yonimaira le dolía
terriblemente
su cuevita
pero hacía lo que fuera
para sanar a su papi
    para que dios no la castigara

sus padres le enseñaron a
sacar las cervezas de la nevera
bien frías
a destaparlas
y a servirle
una a mami
y
una a papi

cuando ya habían tomado
        muchas
        muchas
        m u c h a s
Yonimaira descubrió que
era mami quien le metía
la leche piche
a papi por el pipí

mami también se lo chupaba
y le abría su cuevita
pero no para sanarlo
sino para enfermarlo
Yonimaira entendió
que lo que mami le metía
solo ella podía sacárselo
si no papi se moría

cuando mami se daba cuenta

que estaba descubierta
agarraba a Yonimaira
por los cabellos
la tiraba contra el piso
y le pateaba la carita
papi también le daba unos correazos
por ser tan mala
y descubrir a su mami
ella recordaba lo que le enseñaron
                                        que sus padres
                                        la aman
y así ella amaba a sus hijitos
que la mujer debe sujetarse al hombre
Yonimaira
maldita Madre
despiadada
crucificada al tercer día
    asesinó a su Hija
a Yonimaira
        de tres años de nacida

                    ***

58

mataron a la Negra Doris
se la comieron viva los bachacos

les pisó el nido
y los bachacos le picaron la cabeza
            a la Negra Doris   la médica comunitaria

238

Federico Jiménez

México

***

MUERTAS

Mary, Alberta,
Janet, Alondra, Mirna,
Livier, Cecilia.

Úrsula, Laura,
Moni, Karina, Lisset,
Paz, Melissa, Flor.

Esther, Lorenza,
Gina, Nayelli, Ana,
Selene, Cristi.

Ramona, Lili,
Edith, Carla, Jennifer,
Cinthya, Hortensia.

Tatiana, Rosa,
Ivana, Guillermina,
Dolores, Brisa.

Alma, Valeria,
Blanca, Delfina, Delia,
Francia, Paola.

Selene, Diana,
Fernanda, Sara, Anahí...
Basta, ¡ni una más!

Publicado en *Di lo que quieres decir 2019*.

***

Mujer en futuro

Los ojos que apenas alcancen tu borde de sueño
las manos que quizá toquen tu última danza novicia
los oídos que antes que nada se abran para recibir tu canto
los primeros rayos y parvadas de cántaros y redes
                                        que te abran sus puertas
los labios que asomen su follaje y te besen en libertad
los pies que anden abrigados de tu espesura
los últimos maderos y verdes de líquido aroma
las calles de jade que se pueblen en la ciudad de tu nombre
todos los olvidos y ayeres que vuelvan de tu sombra abierta
y las rimas de los cántaros en nocturnales cascadas
el lirio y la música que te alimente
las primeras palabras del día cuando se rebelen
ante la poesía de las piedras
y la miel y los peces que te habiten
y tu corazón en el principio de las cosas
las huellas y las canciones que se estanquen en la arena
y las raíces de todos los amantes que se anclen en tu mirada
el rumor de tu regreso que resbale en las gargantas
la travesía y el rimar que no te suelten
y estos versos cuando se ahoguen de tu respirar

            (cuando el tiempo se revuelque en olas que
            transborden la lejanía
            y todo lo dicho se haga nuevo y las cosas pierdan su
            nombre
            y tu agua nos muerda los pies con ternura)

todas estas cosas
                        todas
te librarán de los remos del pasado
y de las luces rotas
                        del presente

240

Bella Martínez

Puerto Rico

***

MÓNICA

Mónica bella,
como la vida misma
que disfrutabas.

Óptimamente
en tu entorno familiar
estás hoy día.

Nada predijo,
ni se vio indicativo
de tu asesina.

Inocente fue,
maravillosa y pura
tu forma de amar.

Carmen maldita
capaz de asesinarte
a ti, su esposa.

Alma humanista
no te lo imaginaste
ni lo temiste.

Publicado en *Di lo que quieres decir 2020.*

Berenice González Godínez

México

***

Tú fuiste luz de verano

Mujer, mujer,
te cerraron los ojos
y no supiste cómo abrirlos,
te llevaste en tu vestido
listones de horas incompletas
y sueños nacidos
en un cielo partido por carreteras.

Con tu sangre se pintó el crepúsculo
y el eco de tu llanto quedó guardado
en las olas de un océano
que también se ha llevado tu dolor y tu nombre.

Mujer, mujer,
nadie supo cómo avisarte que te matarían,
nadie supo contarte
que mañana no tendrías rostro.

Ahora sólo eres una fotografía,
un cuerpo perdido
entre los gemidos de la tierra.
Mujer, mujer,
¿Dónde se esconden tus pestañas?

Te fuiste por siempre
con un cuchillo de mentiras
que te arrojó al infierno sin despedida.

Mujer, mujer,
envenenada de amor,
te despojaron de tu Edén,
de tu vientre, de tu alma...
te mataron,
y las golondrinas negaron su canto.

Tú tendrías que seguir andando,
nadie tendría que haberte avisado
que mañana te matarían,
que mañana cortarían tu paso...

Mujer, mujer,
ahora que duermes en un campo blanco,
acurrúcate en el regazo de la muerte
y cuéntale la historia
donde tú eras luz de verano.

Mujer, mujer,
extiendo mi poesía por ti,
pido a Dios por ti,
que encendamos la noche
con estrellas de primavera
para que brillen por nuestros latidos,
para gritar con fuego
que estamos vivas, ¡seremos vivas!

Fatemeh Shams

Estados Unidos / Irán

***

El feto

La sangre gotea, la niña cae en el pozo; esta noche
una mujer cae de la escalera del claro de luna
la sangre gotea de los momentos inmundos del exilio
del amor, de la lujuria, de la ira, del miedo ansioso
la sangre gotea del dolor reprimido que ha muerto,
de momentos fríos y mudos lado a lado
de tu portarretrato del que te fuiste
de mis recuerdos, y de esta canción cenicienta
de mí, de la pena que cada día alimenta mi loco anhelo
de viejas heridas, de este año de violencia humana
la niña en mi sangre, con qué calma yace.
Esta noche ella cae en el pozo y muere,
la niña de toda mi vida, mi corazón; manchada de sangre,
y de estas manchas apareció el fantasma de una mujer.
Ojalá hubiera bebido mi sangre, una gota; junto a
mi niña, esta noche, en paz, hubiese muerto.

Traducción del persa por Dick Davis. Traducción del inglés por
Patricia Schaefer Röder.

Juan Fran Núñez Parreño

España

***

A las mujeres

Son perfección de la naturaleza,
únicas capaces de crear vidas,
maravillosas de pies a cabeza,
son diosas, son nuestras madres queridas,
abuelas, hijas, amigas, hermanas,
son seres de milagrosos poderes,
necesarias en noches, en mañanas,
siempre, no habría mundo sin mujeres,
seríamos sólo nada sin ellas,
besemos donde pisan, en sus huellas,
merecen que las hagamos dichosas,
hagámoslas sentir maravillosas,
démosles siempre todo nuestro amor
y librémoslas de todo dolor.

Los Derechos Humanos son la expresión del respeto fundamental del que es digno todo individuo. El respeto debe ser la base de toda relación humana y debe ser recíproco. Como personas, le debemos respeto al prójimo y nos merecemos que se nos respete también. De igual manera, como comunidades, respetamos a las autoridades y exigimos respeto de su parte.

Patricia Schaefer Röder

Made in United States
Troutdale, OR
10/12/2023

13656672R00152